田宮由美 著　林謹瓊 譯

教養，從不比較開始

育兒「不需要比較」，為孩子建構「心的根基」
打造孩子強韌自信、衝勁與才能的親子溝通課。

比べない子育て

作者序

「快去念書！」

「我本來想去的，被爸媽一催促又不想去了！」

父母心想：「這樣的話，那我就不催了。」但從旁默默觀察，孩子還是沒有要開始用功的跡象，於是便開始生氣，大聲怒斥孩子。

家有小學生的家庭，對上述場景應該不陌生。

當孩子出生那瞬間，父母都曾經為了這小小生命而喜悅感動，滿懷感激地想著：「謝謝你來到這個世界。」但這樣的心情卻隨著孩子成長而變了調，因為只要把孩子的成長與其他孩子相比，心情往往會變得起伏不定。像是「我兒子在運動會跑步比賽得了第一！」、「朋友的小孩都可以數到一百了，我的孩子只能數到十。」諸如此類。

另外，當考試分數直接影響到成績，父母的焦慮程度就更加升高，孩子要就讀小學的時候，想必也會耳提面命：「一定要用功

讀書！」、「要更認真努力！」

對孩子的發展有期待，訂下高目標，並且大聲激勵孩子學習，這當然不是一件壞事。不過，相信你應該有聽過左方標題這句話：

據說那些名校學生的父母從來不會催促孩子去念書，這是眞的嗎？

為人父母者都會在意孩子的學習情況與考試成績，也難免跟周遭其他孩子進行比較。成績若好，將來出路的選擇更寬廣，能從眾多選項中選擇理想的職業。因此，許多父母會特別關注那些頂尖大學學生的家長分享的經驗談。在這其中，許多媒體和書籍都曾特別提到：「那些考進東京大學或錄取醫學系等名校的學生，他們的父母從不曾督促孩子去念書。」

的確，一旦被他人指使或命令，即便是大人，通常也會心生反感，萌生抗拒之意。

不過，如果不從旁提醒，孩子真的會自動自發去念書嗎？

倘若什麼都不說不做，孩子就能自主學習，對父母來說是最開心也最省力的事情了。但現實並非如此。

實際上，幾乎所有家長在教養過程中會發現，採取放牛吃草的方式，孩子大多會離書桌愈來愈遠。

那麼，如何才能讓孩子養成自主學習的習慣呢？

關鍵就在於「心的根基」。

培養「心的根基」最大關鍵：不拿孩子與他人比較

所謂「心的根基」，是心靈成長的基礎，也就是「以正向觀點認同自己是一個重要的存在，並且喜歡自己的全部。」善加培養「心的根基」，便會自然建立健康的生活常規與讀書習慣。

培養「心的根基」最大關鍵，就是「不拿孩子與他人比較」。

我經常聽到「在班上成績名列前茅的孩子，到升學補習班後發現自己排名大幅落後，於是失去自信，從此變得不愛念書。」的故事。

二戰後，日本長期以來的教育方針都是「填鴨式教育」，而後導入以「培養自主思考能力」為目標的「寬鬆教育」，隨之衍生「學習力下滑」的爭議，現今開始走向「擺脫寬鬆教育」的方向。

這樣的發展歷程，應可歸因於瞬息萬變的時代演變，像是「社會與企業的全球化」與「資訊工具的急速進化」等現象。

在這過程中，衡量事物的基準、人的價值觀和想法等等，也都會隨著時代演變而與時俱進。即使一時在競爭中勝出或是比他人更有優勢，但只要換個領域或跟不同對象競爭，心態

很容易瞬間崩潰。

因此現在的孩子需要的特質是「適應力」，即是能夠適應並克服各種變化的彈性和協調性。

讓孩子養成「保持衝勁和韌性的能力」

當我們面臨史無前例的大震災、前所未有的病毒等意料之外的現實情況，迫使我們不得不更加謹慎摸索著前行。身處在這樣的社會當中，**家長更應該協助孩子培養出懷抱夢想並活出自我的能力；儲備隨機應變的能力，比贏得比賽更重要。**

那麼，該如何讓孩子懷抱夢想並活出自我呢？

為了實現夢想，孩子必須具備能夠考上志願學校、通過就職考試的「學習力」。

為此，不可避免地必須在學習過程中與他人競爭、比較。在這過程中，我們總是將關注重點放在分數及排名這種數字表現上。

然而，真正重要的並不是「與他人比較」，而是如何堅持自己心中「想要達成目標的衝勁」和「遭遇困難也不氣餒的韌性」。

養成這種衝勁和韌性，才能培育出實現夢想和目標的真正學習力、以忠於自我的方式，面對未知的將來，能充滿自信的生存下去。

成績與學歷是實現夢想路上的中途點

首先，務必要清楚認知：進入名校或高分錄取的學校，不代表人生從此一帆風順、沒有挫折；學生時代成績不出色的人，也可能在進入社會後表現優異且活躍。人生的幸福感並不是取決於成績和學歷。

為了讓孩子在進入社會後也能度過充實的人生且享有幸福感，關鍵正是藉由全然接納孩子進而培育出「心的根基」。

讀書和考試是為了實現夢想及目標所必須通過的中途關卡。我認為，若能扎實建構「心的根基」，便可以確實規劃出自己未來的夢想，並逐步實現目標。

本書主旨是向讀者們傳遞「心根育」*這樣的教育方式，培育出足以決定孩子未來幸福與否的「心的根基」，同時也養成「衝勁」、「韌性」與「學習力」。

若能夠為各位家長在實現孩子夢想的育兒路上貢獻一臂之力，實為作者之幸。

田宮由美

* 編註：心根育即培育「心的根基」之育兒法，期盼家長們能夠在生活中自在運用，並且對此感到有親切感，於是取了這個簡稱。

目錄

4 養成有效運用時間的能力

一生受用！俐落處理學業與事業的時間管理術5步驟 92

9 育兒、育親

前言

在你誕生的那一瞬間，
我忍不住落下喜極而泣的淚水，
小小的你用小小的手，
緊緊抓住我的心。
對著還聽不懂話語的你，
我全心全意地對你說話，
一次又一次地呼喚你的名字。

當你第一次開口喊「媽媽」的那天，
當你靠著自己的力量站起來的那一刻，
看著你一天天成長的身影，
我內心滿懷喜悅，
終於進入小學，
你朝向夢想大步向前邁進。
為你的人生奮力加油，會讓我感到無比幸福。
但在不知不覺中，對你的要求卻愈變愈多……

當我察覺的時候，
你的臉上早已失去了笑容。
這讓我充滿不安，
失去了當父母的自信，
心情也變得沉重不已。
不過，你一歲時，
我成爲媽媽也只有一年。
身爲媽媽，在養育你的過程中，

因爲你順利成長所帶來的
充實感與喜悅感到無限感恩，並且持續不斷。

別擔心，
隨著你的成長，我也會一邊學習如何當父母。

我會愛你的全部，包含你的快樂，
你的悲傷，你的各種情緒。

謝謝你，成爲我的孩子！
謝謝你。

1

育兒最重要的事

確實打造「心的根基」，自然培養出孩子的自信、衝勁與才能

左右孩子一生的「心的根基」是什麼？

現今，少子化現象愈趨嚴重，教育和教養議題也愈來愈受到關注。另一方面，也可看到一些年輕人在畢業後未能自立生活，在生活上依賴父母，或是找不到目標、而不想努力。

另外，每當有青少年相關的社會事件發生時，其父母的教養方式總是會引發一陣熱議。

這些社會問題的成因錯綜複雜，牽扯到不同家庭環境與時代背景等各種問題，無法三言兩語就說明白，但「心的根基」與這些問題緊密相關。

「心的根基」究竟是什麼呢？

所謂「根基」，會讓人聯想到植物埋在土壤之中的一部分，雖然表面上看不見，但卻是維持植物生命的重要關鍵。「心的根基」也是同樣道理，雖然是無形的存在，但卻是「生存所不可或缺的東西」。

深藏土裡的根部，終能讓獨一無二的花朵壯麗盛開

安東尼．聖修伯里所著的《小王子》是我相當喜愛的一本書。我

是否培育「心的根基」的差別

還記得學生時代看到書名時，還以為是奇幻文學類的童話故事，實際閱讀過後發現，內容富含哲學意味，令我深受感動。

書中有一句話讓我特別有感觸：「真正重要的東西，用眼睛是看不見的。」

植物的根在地底下廣布，雖然看不見其存在，但將根穩固扎牢於大地之中的植物，終究會開出壯麗的花朵。

即便面對風雨，也不會倒下，最後將會結出繁盛的果實。

孩子的成長也與植物有異曲同工之妙，**只要確實培育出「心的根基」，就算遭遇困難，也有能力克服，並能開出獨一無二的花朵。**那些積極面對人生的孩子，他們的父母在養育過程中也許就是像這樣將「心的根基」廣布於大地之下善加培育吧。

只要扎實培育「心的根基」，當孩子有了想實現的目標，就能發揮全力向前進。

想要全然接納孩子，但父母是否忽略了一些重要的關鍵？

培育「心的根基」，最重要的即是：全然接納孩子的一切。**也就是愛孩子的全部，無論優點還是缺點。**然而，全然接納孩子的一切與促使孩子讀書這兩件事是能夠並存的嗎？

經常有家長問我：「如果包容孩子的話，那他整天就只會懶洋洋的，沉迷於電動。這種狀況也要默默放任他嗎？」

我的答覆是：「全然接納孩子與放牛吃草是完全不同的。」

先前曾提到《小王子》，書中有一幕場景，是小王子對著一片盛開的玫瑰花海傾訴心聲：

「我的玫瑰花平凡至極，路人看了或許會認為她跟其他的花沒有什麼兩樣。但是，那一朵花對我而言卻與眾不同。因為，那是我每天細心澆灌過的花，我為她擋風遮雨，蓋上玻璃罩，讓她不受風雨侵襲，幫她除蟲，聆聽她的抱怨與自誇，她安靜時我也跟著沉默，在意她的感受。因為她是我的玫瑰花。」

小王子這番話闡述了因為自己的悉心照料，那朵玫瑰花也成為自己無可取代的特別存在的關愛心情。

而受到如此細心照顧和滿滿關愛的花朵，便能夠牢牢地扎根於土壤之中。

要「全然接納」整天都在打遊戲的孩子，關鍵在於要先體會、認同他「想打電動」的心情。

這時，父母可以對孩子說：「電動真的很好玩耶！」，第一步先認同孩子的感受。接著，**讓孩子察覺到「雖然很想打電動，但現在是該讀書的時候了！」給予一個讓孩子切換開關的提示，這就是「心根**

「全然接納孩子」與「放任孩子的行爲」兩者並不同

認同孩子的感受
電動真的很好玩耶！
對呀！
我們一起玩吧，結束後就寫功課囉！
好！
放任孩子的行爲
因為要全然接納，所以就讓他去玩吧……

育」的教養方法。這個方法能夠讓妳與孩子更加緊密，加深親子之間的關係。第二章會詳細談到提升衝勁的方法，說明如何給予提示、切換狀態開關。

「心的根基」因人而異，不需要與他人比較

另外一個想提出的觀點是，「心的根基」會「大大影響一個人面對人生的態度」，但並不會「決定人的優劣」。

比方說，向日葵和波斯菊不同，花朵長得不一樣，葉片、莖部與開花的季節也都有所差異。

因此，我們不會將向日葵與波斯菊相比，並判定孰優孰劣。向日葵在盛夏開出鮮黃色的碩大花朵，而波斯菊會在秋天綻放粉色的嬌嫩花朵，各有各的特色，兩者的美麗與價值沒有高下之分。

孩子的成長也與之相似，每個孩子都會開出「獨一無二的花朵」，不需與周圍其他人相比。希望家長們能珍惜孩子的個人特質，抱持同理心，從旁協助孩子健全成長與獨立生活。

所謂的「抱持同理心」是什麼意思呢？

相信有許多家長曾聽過「同理心」這個詞，也是現在經常會使用到的語彙，那麼，具體上該怎麼做呢？

你是否因為太過擔心，而不停重複問孩子「這樣如何」？效果只會適得其反！

在育兒煩惱的諮詢以及育兒書中常看到這句話：「請對孩子的心情抱持同理心。」

站在孩子的立場去思考是非常重要的，對於孩子「心的根基」的建立，也是一大關鍵。

不過，具體上該如何去實踐這件事呢？

如果孩子有明確地說出自己的感受，就比較容易能夠理解並產生同理心。但是，有時候孩子無法好好地用言語表達心情，或是一句話都不說，這種時候可以為了瞭解孩子心情而提出各種問題嗎？不行，連珠炮式的提問，反而會讓孩子更加封閉自己的感受。

有許多家長雖然很想要「抱持同理心」，但卻不知道該如何具體實行。

首先，我以「孩子放學回到家後卻哭了」這個情境為例子，以五個步驟來說明「抱持同理心」的具體做法。

以同理心關懷孩子的五步驟

步驟① 只敘述可見事實

「你怎麼哭了呢……」只說出眼前所看到的情形，藉由這個舉動，傳達出「媽媽很關心你的狀況」。

步驟② 以是非題詢問孩子

請以是非題的方式來詢問孩子，例如：「跟朋友吵架了嗎？」「被老師罵了嗎？」

步驟①
我回來了……
哎呀！寶貝怎麼哭了呢？

孩子也許只以搖頭或點頭的動作來回答，即便孩子不說話，只用動作來表示，溝通便成立了。首先，請創造出一個溝通的開端。

步驟③ 只針對事件提問

請聚焦於發生事情本身來提問，例如：「吵架的原因是什麼呢？」、「老師為什麼對你這樣說呢？」目的是讓孩子能自己敘述事情經過。

在此情況下，孩子或許能善加說明，也可能會說得不清不楚，只說出一些隻字片語，這也沒關係，重要的是讓孩子能夠信任父母，願意把事情說出來。

步驟④ 傾聽感受

此時可以試著詢問孩子的感受。像是「那你現在的心情怎麼樣呢？」

「你是怎麼想的呢？」

藉由「提問」能讓孩子更容易說出自己的感受與心情。

到這個階段，便可以慢慢接近孩子的內心世界。

步驟⑤ 感同身受

當孩子說出了「我好不甘心」、「很難過」、「很害怕」之類的話，請一定要接納孩子的感受。這時的重點是透過複誦回應對孩子感受表達認同，例如：

步驟④
你的心情怎麼樣呢？

「那真的讓人很不甘心耶！」、「一定很難過吧？」、「你當時應該很害怕吧？」。

孩子知道你能理解他的心情，就會感到安心，也加深了對父母的信任感。以這種方式與孩子相處，是對孩子抱持同理心的方法之一。

當然，在溝通過程中，孩子可能不願回應，沉默也是孩子的情感表現，請包容這個狀態。

步驟⑤
我好難過
一定不好受吧！

「如果你不想說的話，不用說也沒關係喔！」

然後這時可以告訴孩子：「媽媽永遠都會站在你這邊。」

在那之後，請靜靜地關心孩子的狀態吧。

所謂的抱持同理心，是「不妄下評斷」及「不一味鼓勵」

不要輕易地給予評判、指導、鼓勵或分析。例如：

「那時候你不該說出口的，事後再後悔就來不及了！」

「你應該馬上去找老師，告訴老師這個事情。」

「這種事常有啦！你要多努力！」

這樣的回應會讓孩子煩躁、生氣、憂鬱並且感到受傷。

很多時候，父母太想好好教育孩子，總會以上對下教導或激勵的方式呈現，但這樣的做法只會有反效果，是單向的付出親情。

在這種時候，希望家長不要忘記對孩子當下的心情抱持著同理心去感受。

育兒最重要的事 1
「不與他人比較」的重點複習

平時你會對孩子說這些話嗎？

常見的「NG回應」

- □「你應該更努力一點！」
- □「你那個同學就做得到……」
- □「你要變得更強才行！」
- □「快點！加快速度！」
- □「我都是爲你好。」

↑

對育兒過度投入的家長經常會說出以上這些話，雖然目的是「爲了孩子好」，但這些話會對心靈成長帶來負面影響，而經常聽到這些話的孩子，「心的根基」也會比較脆弱。

增進親子關係的「心根育」語錄

- □「謝謝！」
- □「你一直都很努力。」
- □「沒關係。」
- □「無論如何，你都是最棒的！」
- □「最愛你了！」
- □「做自己就好。」
- □「你很溫柔喔。」
- □「我好開心。」
- □「我愛你。」
- □「我相信你。」
- □「你一定辦得到！」
- □「媽媽永遠都站在你這邊！」

寫下你覺得最棒的「心根育」語錄

培育孩子「心的根基」的話語愈多愈好。

2

培養衝勁

讓孩子從「叫不動」轉變為「主動去做」的5個積極開關

「促使孩子主動去行動！」

「提升孩子的積極度是很重要的！」

家長們一定都聽過類似的話，大家或許都不假思索地接受這樣的理論，但就我至今接觸到的許多親子來看，有很多家長還是不太清楚該如何具體提升孩子的積極心態。

光是告訴孩子「你要更積極努力才行！」還是沒有效果，反而會弄巧成拙，讓孩子的鬥志與衝勁一蹶不振。

為此，本章將介紹在培育「心的根

提升孩子的積極度吧！
原來如此
應該怎麼做才好呀？
?

基」的同時，也幫助孩子提升衝勁的五個重點。

積極開關① 掌握孩子提出的疑問，擴展好奇心的廣度

孩子本來就會對感官接收到的訊息充滿好奇，不管是具體可見的事物、聽到的聲音、摸到的觸感、吃到的味道或是聞到的氣味，隨著日漸成長，眼界和行動範圍也更加廣闊，眼前嶄新的光景，在在都會觸發孩子的好奇心。

應該有些父母曾經因為不想回答孩子接踵而來的「那是什麼？」「為什麼？」連番提問而保持沉默吧。

但是，**希望家長能夠盡可能地回覆孩子提出的疑問，因為這樣會加深孩子對新事物的興趣，刺激「想知道更多」的求知欲，**抱持著好

以孩子的疑問爲契機，養成鑽研探究的習慣

提升孩子的積極度
為什麼天空是藍色的呢？
我們一起去圖書館找找答案吧！

澆熄孩子的積極度
不要問這種無聊問題，趕快去念書！

奇心，引發想要更加了解的積極心態，進而自己去找資料，為了鑽研學習而投入心力。

日常生活中，有時無可避免地會遇到忙於家事無暇回應的狀況，這種時候，可以告訴孩子：「媽媽現在要洗碗，等洗完碗就跟你討論喔！」，或是反問孩子：「那你覺得是為什麼呢？」這樣的做法也不錯。

孩子提出疑問或平時閒聊的時候，可以將話題延伸得更廣一點。

這個昆蟲叫什麼名字？
這是獨角仙喔！
你覺得獨角仙的幼蟲長什麼樣子呢？

比方說，當孩子問昆蟲的名稱時，你可以說：

「那你覺得這種昆蟲的幼蟲長什麼樣子呢？」

如果孩子好奇天空中的雲朵，你可以說：

「雲的形狀會隨著季節而有不同的變化喔。」

「雲是由什麼東西組成的呢？」

說不定孩子會由此而對昆蟲或氣象產生好奇心。

哇！掃得好乾淨喔！
這是掃地機器人喔！

抬頭望向夜空，可以說：

「月亮離我們有多遠呢？」

「夜空的那一端有什麼東西呢？」

在日常生活中，可以談到機器人的實用化，告訴孩子：

「機器人在幫我們掃地耶！」

孩子或許會希望進一步了解天文學、太空或機器人、人工智慧等領域。

夏天或運動過後會口渴、天氣冷容易感冒，可以由這些現象延伸，詢問孩子：

「為什麼很熱的時候會想喝飲料呢？」

「為什麼天氣冷的時候，身體會發抖而且容易感冒呢？」

孩子可能會對身體的奇妙現象或醫學知識產生好奇心。

在幼兒和小學階段就拓寬孩子的視野，盡可能地將他的目光引導到更寬廣的領域。

將孩子口中的疑問當成種子，善加培育，以「這是什麼？」、「為什麼？」、「怎麼會這樣？」為出發點，讓好奇心無限擴展吧！

積極開關② 孩子埋首於興趣，能培養集中力

當孩子積極從事某件事並樂在其中的時候，請別打擾他，讓他繼續專心做那件事。

有些孩子喜歡閱讀、堆積木，或是熱衷於拆解東西。

站在家長的立場，會希望孩子遵守固定的「吃晚飯的時間」和「洗

主動投入
與
被迫投入
是
不同的

澡時間」等，但是請家長視情況隨機應變。因為，隨著每次全心全意地沉浸於興趣當中，都能夠幫助孩子養成集中力。

就算家長口頭要求孩子「集中注意力」，也是徒勞無功的，希望家長能夠重視孩子專心投入於興趣裡的時光並且寬容以待。

不過，在此要說明一點，有些家長會質疑，難道孩子認真看電視或打電動，也要默默地看著他玩

沉浸於興趣之中的這段時間能培養集中力

嗎？不是的。

看電視跟打電動都是一種被動狀態，電視是讓你看到不停變換的影像，而電動乍看之下能夠自己操縱進度，但大多情況很難依自己的意願停下來，只是被動地跟著指示走。

因此，若孩子處於諸如此類的被動情況，請家長介入，提醒孩子遵守吃飯或洗澡的時間。看孩子參與興趣的方式是主動或被動，以此為判斷依據，請視狀況隨機應變。

積極開關③ 讓孩子期待達成目標後的收穫

跟大人比起來，小孩對於未來的想像力較為不足，所以家長可以先告知孩子，**如果完成了現在正在努力的事情，之後會有什麼樣的收**

穫在等著他。

比方說，登山健行的時候，可以告訴孩子：「爬到山頂就會看到廣闊的美麗風景喔！」

學習游泳時，可以說：「如果能夠像魚一樣在水裡來去自如，之後去海邊玩一定更棒！」

練習寫字時，可以說：「下次寫信給奶奶的時候，如果她看到你會自己寫很多字，一定會嚇一跳的！而且她也會很開心喔！」

每天為花澆水，可以說：「很快就會開出漂亮的花朵了，會是什麼顏色呢？真讓人期待！」

就像這樣，逐漸引起孩子對未來的期待感。

日常生活中，當孩子正在努力做某件事，家長若能告訴孩子達成

之後會帶來的喜悅和值得期待的收穫，便能激勵孩子，提升他的動力。

積極開關④ 過度的期待反而會讓衝勁減退

父母看到孩子全心全意從事某件事的努力姿態，除了感到欣慰，心裡也會忍不住浮現更多期待。

當然，父母相信並期待孩子的成長能力並不是一件壞事，而父母鞭策激勵的話語也能夠鼓勵孩子更加努力。

但是，如果父母懷抱著過度的

期待，對孩子來說便會形成壓力，反而使衝勁減退。

「我的寶貝一定能表現得更好！再加油一點！」

「要達到更高的目標！」

對於父母這樣的期許，孩子會感到不安：

「如果沒辦法達成父母的期待，該怎麼辦？」

或是轉為消極：

「不管再怎麼努力，媽媽都會叫我再加油，但是我已經沒辦法更努力了……」

倘若父母一味要求要達到更高的目標，反而會讓孩子變得無力消極，或是心生反彈，如此一來，孩子的衝勁絕對會一瀉千里。

在這種時候，請對孩子說：「你真的很努力喔」、「媽媽看到你

與其說「要更努力」不如說「你真的很努力」，孩子便能放鬆心情、更加積極

變得消極
加油！
努力就一定辦得到！
要做得更好！
要表現得更好！
變得積極
你一直都很努力呢！
媽媽都有在關心我！

這麼認真，好感動呀！」來傳達你的心情。

積極開關⑤ 不與他人比較，無論第幾名，孩子都是最棒的！

父母總是會忍不住拿孩子跟其他孩子相比，即使沒有刻意要做比較，但你是否在不知不覺間流露出這樣的心情呢？比如說，看到孩子在運動會跑步得了第一名或最後一名，情緒就會隨著起伏變化；看著鄰居的小孩能流暢彈奏鋼琴，也會默默想著我的小孩為什麼沒辦法彈得這麼好。

如果父母總是把自己跟其他孩子相比，可能會讓孩子變成無法真心祝福他人成就的人，對於孩子的人際關係也會造成不好的影響。

當贏過他人時，孩子能有滿滿的動力與自信，但是一旦這樣的架

構坍塌，其動力與自信都會輕易崩解，長期下來，可能會讓孩子陷入沮喪無力的狀態。

無論在拿到第一或吊車尾，請家長務必要告訴孩子：「你已經很努力了，在我心中你是最棒的！」

這樣可以讓孩子感受到無論結果如何，父母都會一樣愛他；可以說：「哇！你進步好多喔！」只跟以前的自己比較，著重在孩子本身。

「不與他人比較」的重點複習 2

培養衝勁

請將你想對自己說的「提升衝勁打氣語錄」寫入對話框中。

如果暫時沒有靈感，也可以從左方表格選擇。

帶給自己勇氣、提升衝勁的打氣語錄

- □ 每天爲家人做飯，你眞的很努力喔！
- □ 今天一早就笑著對家人說「早安」的感覺眞棒！
- □ 認眞生活的自己最美！
- □ 肯定沒問題！我已經一路走到現在了。
- □ 只要不放棄，一定能實現夢想。
- □ 朝著自己選擇的道路前進，慢慢來也沒關係。
- □ 做自己就好。
- □ 對自己說聲感謝。
- □ 對孩子來說，「我是獨一無二的媽媽。」

3

打造韌性

讓孩子勇敢克服失敗挫折的5個關鍵

父母都期盼孩子健康成長，步上康莊大道，不過，人生不可能一路順遂，有時會因人際關係而受傷、因自身能力而苦惱，有時也會遭遇挫折、跌倒而變得灰心喪志。

最重要的是，無論面對多麼艱難的狀況，都要鼓起勇氣、邁步向前。

也就是必須具備即使跌倒也能重新站起來的能力。本章將介紹如何在培育「心的根基」的同時，也在日常生活中幫助孩子打造韌性的五個重點。

無論多困難
都不放棄！
加油！

重點① 與其不讓孩子跌倒，不如讓孩子擁有跌倒後再站起來的能力

為人父母者，都會希望孩子在遭遇危險前趕緊避開，當孩子不小心絆了一下，也會叮囑他小心別摔倒了。這是父母對孩子的愛，這樣的關心絕對不是壞事。

不過，若是擔心過了頭，過度保護孩子的安全，反倒會阻礙孩子的成長。

每個人一定都會在人生中遭遇挫折，重要的不是避免摔倒，而是學習跌倒後如何站起來。你是否也曾發生以下狀況：

・孩子早上睡過頭，擔心遲到，所以親自送他到學校。

・孩子忘了帶東西，擔心他受到處罰，就把東西送去給他。

・手足之間發生爭執，馬上介入阻止他們的爭吵。

父母過度保護，會讓孩子無法學會自己站起來

早上睡過頭
所以遲到了！
那怎麼做
才能早點
起床呢？

當以下這些狀況發生，請家長不要馬上出手幫助，先從旁觀察看看吧。觀察狀況的同時，也建議試試以下的作法。

・睡過頭

如果曾經遲到過，被老師訓誡之後，孩子可能會提醒自己：「下次不要再睡過頭了。」

家長應該利用這個機會，詢問孩子：「怎麼做才能早點起床呢？」讓孩子自己慢慢想出答案。

・丟三落四

忘了帶東西去學校，可以跟同學借，或

是自己想想看有沒有其他東西能替代，訓練孩子隨機應變的能力。而且，因為忘記帶東西而導致受罰，有了這次的經驗，下次就會更加警惕，提醒自己不要再忘記。

當孩子思考怎麼做才能避免丟三落四時，父母可以給予建議，像是睡前或早上出門前再檢查一次、或是把要帶的東西放在門邊。

・手足爭執

在各執己見的過程裡，孩子也會學習從中找出折衷的方法。

藉著稍微讓步與對方取得折衷結果，彼

此都能夠感到輕鬆愉快，請家長適時協助孩子們達成共識。

童年時期的失敗和挫折都會為孩子帶來收穫，家長可以想成是一堂為將來打好基礎的課程，從旁觀察而不加以干預，對孩子的成長才有幫助。

我要先打電動！
你們要不要輪流寫作業跟打電動呢？

重點② 爲他人著想之前，先爲自己著想

無論什麼時代，大人們總是告訴孩子要為他人著想。

在學校，老師會教導：

「要站在對方的立場，設身處地思考。」

「要抱持著體貼他人的心態。」

在家裡，家長也會要求孩子為弟弟妹妹或朋友著想。

然而，對於自己該怎麼做呢？我們似乎很少告訴孩子該如何為自己著想，也很少有機會讓他們學習為自己著想。

比方說，當孩子內心充滿了不甘心、痛苦、悲傷等負面情緒而想哭的時候，你是否曾經對他說過這樣的話：

「這點小事有什麼好哭的！」

「如果你這麼不甘心的話，之前就應該更努力啊！」

「每個人都會有難過的時候啦！」

父母或許是想安慰或希望孩子變得更堅強，才會說出諸如此類的話。不過，這樣反而會將孩子的負面情緒逼得無處發洩。

爲自己著想是很重要的事

懂得如何爲他人著想
站在對方的立場思考。
體貼他人。
思考對方的感受。
溫柔以對。
怎麼了？沒事吧？

不知道該怎麼爲自己著想
被朋友冷落了。
好痛苦。
真難過！
內心一片空虛。
該如何面對這種痛苦的心情？
怎樣才能擺脫這種痛苦？

哥哥搶走
我的玩具～
這樣呀……
乖喔～
接納並體諒孩子自然的情緒反應
韌性
重複這個過程

所謂的韌性，並不是堅不可摧的「堅硬度」，而是「柔韌度」。

當孩子想哭的時候，就讓他哭吧，當孩子不甘心的時候，就跟著他一起懊悔吧。

請家長幫助孩子認可自己的負面情緒，可以對他說：「你一定很不甘心吧！」、「你應該很難過。」「想哭的話就盡情哭出來吧！」首先要做的是：認可這份負面情緒。

舉例來說，孩子之間發生爭執，

於是哭著跑過來，趴在你的膝上說：「哥哥搶走我的玩具！」但是，號啕大哭了一陣子，很有可能幾分鐘後兩人又開心地玩在一起了。

讓孩子趴在你的膝上哭泣，能讓他感受到自己的心情被接納，而培養出自己處理內心情緒的能力。一再累積這樣的經驗，內心能變得更有柔韌度，進而打造出韌性。

重點③ 幫助孩子養成修正計畫的習慣

在暑假之類的長假、新年或新學期剛開始的時候，想必都會規劃一些要實行的計畫吧，暑假會訂出做作業或自由研究的計畫、每天要完成多少內容，在新年或新學期的開始，則會訂下這一年或這學期的目標，規劃每天實行的進度。

這些計畫會成為具體行動的圭臬，也會提升孩子實際去做的動力。

但是，有時候卻無法照計畫順利進行，應該說，大多都無法依照原本的計畫去實行。

只要有一天沒有按照原定計畫進行，孩子輕易就想放棄，此時家長可能會說：

「為什麼你總是沒辦法照著計畫去做呀？」

「決定好的事情就一定要做！」

孩子自己一定也想依計畫進行，也想做到原本訂下的進度，**請先認同孩子的這個初衷，再去檢視現實層面上「想實現卻做不到」的問題**，家長可以這麼對孩子說：

「雖然訂立了計畫，但卻不順利，你覺得為什麼沒辦法順利繼續呢？」讓孩子自主思考不順利的原因是什麼。

接著，再教導孩子為了達成目標應該如何修正計畫。

「一天五頁太多了，如果改成兩頁的話，是不是比較能夠做到？」或「目標訂為今年所有的數學考試都要一百分，這難度太高了，改為努力拿到八十分以上如何呢？」提供這樣的建議給孩子也不錯。

決定目標並訂立計畫是一件好事，不過，如果難度太高或實行內容太過嚴苛，很容易中途遭受打擊而灰心喪志。家長可以建議孩子彈性應對，在進度不順利的時候，只要思考原因並修正計畫就好。

重點④ 當孩子失敗的時候，更要稱讚他挑戰的勇氣

父母比孩子的人生經驗豐富，所以看到孩子的狀態會想：「這樣

●無法依照計畫進行時，家長可以協助孩子思考原因

輕易放棄的孩子
啊～無法達到計畫的進度！
暑假計畫
為什麼你總是沒辦法照著計畫去做呀！
不想做了啦
我原本也想好好達成的呀……

能夠修正計畫的孩子
啊～無法達到計畫的進度！
暑假計畫
沒辦法順利達成計畫，要不要修正目標試試呢？
對耶！我把目標訂太難了！
明天繼續加油吧！

下去肯定不會順利。」能猜到之後應該會失敗。

舉例來說，孩子想幫忙準備晚餐，卻因為不熟練，用大盤子裝菜把整張桌子都擺滿了，或是想要拆解玩具再重組回去。

可能因為餐具排得太擠而掉下桌子摔碎、拆開昂貴的玩具卻無法重新組裝回去，你是否在這些時候曾經對孩子說過這樣的話：

「我就叫你不要幫倒忙了！」

「你怎麼可能組得回去！」

在日常生活中，孩子經常會面臨各種大大小小的挑戰，比方說：

「明天早上我要自己起床。」

「我要自己走到朋友家。」

「由我來煮晚餐的咖哩。」

像是諸如此類的生活小事，或是參加甄選、比賽之類的活動。

當結果不如預期，或是以失敗告終的時候，千萬不要說：

「我就說你不會贏吧！」

「看吧，早就跟你說過了！」

對結果最感到失望的人，就是孩子自己。

這種時候，請對孩子說些溫暖的話：

「下一次絕對會更好的！」

「勇敢挑戰的你很厲害喔！寶貝超棒的！」

親子可以一同思考失敗的原因，為下一次的挑戰做好準備。

當孩子失敗時，以鼓勵代替斥責，讓他有繼續努力的動力

被責罵而不敢再挑戰的孩子
失敗了……
我就說你不會成功吧！
無論做什麼總是失敗！
對你太失望了！
如果失敗的話就會被罵。一切都完了，再挑戰也沒用……

被稱讚而想繼續挑戰的孩子
失敗了……
失敗也沒關係。
勇敢挑戰的你很棒！
我為你感到驕傲！
下次一定會成功的！我要繼續挑戰下去！

重點⑤ 擁有真正的自信，而非自傲或優越感

「讓孩子養成自信心！」

大家應該經常聽到這句話，有人說「多累積成功經驗，就會愈來愈有自信」，也聽過「找出孩子擅長的領域，就能夠從中獲得自信」的方法。

的確，成功經驗的累積或是有一件特別擅長的技能，能幫助孩子擁有自信心，再加上親友和周圍人的認同、讚美，自信心也會越來越高漲。但是，這種自信心卻脆弱不堪，很可能因為一點不起眼的小事而瞬間崩塌。

比方說，以下這樣的例子大家應該也曾聽聞過。

讀書和運動都很擅長的好學生，
卻突然灰心喪志，原因是什麼呢？

某人在學生時代很會讀書，成績優異，還考上知名的頂尖大學，畢業後卻沒有固定工作，過著繭居在家的生活。

或是擁有某項體育技能，曾在大型比賽名列前茅，所有人都認為他會成為專業運動員，卻因為受傷或其他因素，無法繼續體育之路，從此一蹶不振，甚至步入歧途。

當然，這不是常例，有更多人是從學生時代就品學兼優，畢業後積極且活躍地朝向目標前進。也有許多人即便因為某些因素而無法持續從事擅長的運動，卻也能過著充實的人生。

前者與後者的差異是什麼呢？

兩者都在自己擅長的領域獲得了自信，有些人擁有不被挫折打敗的韌性，有些人卻因為環境改變而灰心喪志。

「樹根」是基本的內在自信，「樹幹」是外顯的外在自信

樹幹瘦弱
但樹根強健的類型

性格隨性悠哉，若訂下目標，
成長空間很大。

樹幹與樹根
都很強健的類型

內在自信與外在自信均衡發展。

樹幹與樹根
都很瘦弱的類型

經常感到孤獨和厭世，
有顯而易見的不安感，
讓人想伸出援手。

樹幹粗壯
但樹根脆弱的類型

雖是凡事都很努力的好孩子，
但內心惶恐不安，
稍有挫折便會瞬間崩潰。

其中的差異正是在於「心的根基」。

「心的根基」扎實穩固的人，即便環境改變了，也能思考接下來發展的方向，憑藉韌性克服難題。

那麼，如何才能使「心的根基」更加扎實，提升孩子的自信呢？

關鍵在於：不與他人比較，認同孩子本身。父母總是忍不住會以較好的分數、較高的成績、比賽勝敗或排名為標準，給予孩子認可或稱讚。

這麼一來，孩子會認為成績或排名就等同於自己的價值，若排名下滑或在自己有信心的領域出現失誤了，一路累積的自信心也會瞬間崩塌。

如果希望提升孩子的自信心，建議告訴孩子：

「無論成績如何，認真用功的你都是最棒的！」

「不管贏或輸，你都竭盡全力完成了一場不留遺憾的比賽，真了不起！」

家長務必要讓孩子感受到「不管結果好壞，你都是爸爸媽媽最珍貴的寶貝。」相信孩子會努力在擅長領域更加進步，透過不斷練習和努力所得來的自信也會轉化為真正的自信心，即便身處不同環境，也能夠抱持著堅韌心態跨越各種困難。

活力

「不與他人比較」的重點複習③

打造韌性

當我們遭遇痛苦或困難，如果深究其原因，經常會發現癥結在於人際關係。你曾經與親近的人產生人際問題而後克服了困難嗎？請在空格內寫下來。

不需要刻意回想，盡量寫出想得起來的部分就好

● **與父母之間曾發生過什麼樣的問題。**

●與伴侶之間會發生過什麼樣的問題。

●與親近的人（朋友、鄰居、同事等等）之間會發生過什麼樣的問題。

試著回顧過去所發生的經歷，你是否會覺得「自己眞的好努力呀！」有人會回答：「我未曾從父母那裡感受到親情。」也有人會說：「我與伴侶的認知有著相當大的落差。」或許有人寫的是：「我以前曾經被霸凌過。」每個人多多少少都背負著一段痛苦的過去。

正因如此，「克服了這些困難而活到現在，眞的是一件很棒的事情。」請你爲自己的生命姿態感到自豪，全然接納自己的存在吧！

4

養成有效運用時間的能力

一生受用！俐落處理學業與事業的時間管理術5步驟

現代的孩子過著被時間追趕的日子，這在以前是完全無法想像的事情。愈來愈多孩子放學後回到家裡先放下書包、換個包包再趕到補習班或去學才藝，好不容易下課，回家還得寫作業。

日本從二〇〇二年起施行寬鬆教育，到二〇一〇年修改教育方針，現在，孩子要學習的東西增加了許多，二〇二〇年大幅修改教育指導要領，英語列入小學的課綱，道德教育成為基本課程，也導入了程式教育。

對於現代的學童來說，養成有效運用時間的能力，對未來將有巨大影響。

「速度加快！」、「動作快點！」這些口頭禪對「心的根基」有負面影響

「趕快吃飯，上學要遲到了！」

「先把功課寫完。」

「不快點準備，就來不及去補習班了！」

你是否也總是用這些話不停催促孩子的行動呢？父母雖然都是為了孩子才會說出這些催促的話，但其實，這些話只有當下見效，以長

●催促只有當下有用，無法讓孩子養成時間管理的能力

父母不停催促
動作加快！
沒時間了！
著急
被逼著出門。
懂得自己思考
幾點開始上課？
還不出門沒關係嗎？
該出門了！
我走囉！

遠來看並沒有效果，更會給孩子心的根基帶來負面影響。

為什麼呢？孩子因為被父母催促，當下只好依照指示趕緊去做，但若沒被叮嚀，應該就不會自己加快腳步了。況且，父母在孩子讀小學時會這樣耳提面命，但不可能一直盯著孩子的行動吧。

而且，「動作加快！」、「快一點！」之類的話語，會讓孩子感覺自己現在的步調被否定，因此無法培育「心的根基」。

父母如果把這些催促的話語經常掛在嘴邊，孩子便很難冷靜思考及沉著行動。長大之後，也容易情緒煩躁、慌張而導致粗心犯錯。

不過，若完全不著急，導致時間不夠或遲到，也會造成困擾，父母還是會希望孩子能夠在時間內完成該做的事情。

解決之道就是「幫助孩子養成在時間內規劃行動的時間管理能

力」。那麼，該如何實現這個目標呢？

本章將分為五個步驟來介紹，在培育「心的根基」的同時，家長可以運用哪些具體的方法養成孩子的時間管理能力。

今天就開始！提高時間管理能力的生活習慣

大人平時會自然使用「時間」這個詞，但對孩子來說，時間既看不見也摸不到，所以很難理解。雖然在此提到「時間管理能力」，但時間是無法管理的東西，不可能讓時間停駐或加快，要管理的其實是自己的行動。

步驟1 在日常會話中特別強調「時間」

首先，請讓孩子感受到「時間」的概念，可以從日常會話中加以強調。

「晚上八點要上床睡覺。」

「下午三點要吃點心。」

「今天九點要出門喔！」

在平時的對話中，讓孩子對時間產生意識。

要管理的是行動，
而不是時間。

步驟2 運用「傳統時鐘」讓時間變得具體

近年市面上出現許多數位電子時鐘，以數字來表示時間的確很方便，一眼就能掌握時間，即使是小孩也能說出現在是幾點幾分，不過，數位時鐘也難以讓人看出時間的流逝。

因此，我推薦各位使用傳統的指針式時鐘。能看見指針的動作，幫助孩子了解時間的認知，可以知道「超過幾分鐘」、「還剩幾分鐘」之類的具體時間。

步驟3 讓孩子親身感受時間的長度

家長可以讓孩子透過身體感官來記住時間的長度，請孩子做一件事，在不同時間點提醒他：「已經一小時了」、「過了三十分鐘」、「經過一分鐘」，讓他能夠真實感受到一小時、十分鐘、三十分鐘、一分鐘分別能夠進行到什麼程度，藉由這些感覺去體會時間的長短。

由此出發，希望家長能夠再深入教導孩子，即便是同樣的時間長度，但會因為你是從事喜歡做的事或不想做的事，所感受的時間長度也會產生差異，也可以讓孩子發現，對於有趣事物的期待，會讓你覺得在那之前的等待時間很漫長。

當父母在下午兩點告訴孩子：「三點要吃點心，所以在那之前要用功讀書喔。」對孩子來說，吃點心前的一小時簡直度日如年；而同樣是一小時，如果是用來打喜歡的電玩，就會感到瞬間飛逝。

要讓孩子養成時間管理能力，首先要從加深孩子對「時間」的理解開始。

同樣是一小時，做的事不同，對時間流逝的感受也不同

步驟④ 訂立具體的行程表

等孩子具備對時間的認知，接下來就要規劃行程，也就是「訂立行程表」。有時候，讓孩子將讀書納入考量，訂出一天的行程表，但卻不如預期順利，讓父母不禁歎氣：「為什麼沒辦法依照行程去做呢？」、「我的孩子完全沒辦法做好時間管理」。正是因為如此，我才會希望家長務必先讓孩子對時間有「具體認知」，有此基礎再去訂

立行程表。

而規劃行程的時候，請親子一起寫出一整天要做的事情。用餐、洗澡、上學、運動、學才藝、打電玩、看電視、閱讀等，把一整天要做的事都寫出來，再排定時段。

與孩子一起討論並決定「你可以在這個時間起床嗎？」、「要幾點開始寫功課？」，這是讓孩子能夠按部就班實踐並持續下去的訣竅。

接著，建議把行程表寫在一張大大的紙上，張貼在客廳之類的顯眼處。

1 列出該做的事
幾點開始寫功課呢？
想留點時間看電視～
2 討論可行性
每天這個時間起得來嗎？
延後30分鐘好了……
3 製作成表貼在顯眼處
行程表
7:00 起床
7:45 上學
15:30 回家
～ 讀書
17:00 吃飯、洗澡
看電視
一定要辦到！
加油喔！
4 在生活中養成習慣
是不是快到讀書的時間了？
啊！真的耶！
行程表

步驟⑤ 無法按表操課時，修正行程表

依行程表實行幾天後，請再次檢視規劃的內容。

即便是經過思考而訂下的行程表，但實際上應該有些地方不如預期的那麼順利，這時，請想想該如何修正。如果因為沒有按表操課就責罵孩子：「你自己決定的行程表，為什麼做不到？」或是父母因此對孩子感到失望，這樣並不是好的解決方式。家長應該要教導孩子，在無法依照原定計畫進行的時候，要好好思考該怎麼做才能改善，進一步修正行程表。

可以建議孩子將固定時段內要做的事情詳細列出來檢視，或在每個時段之間安排彈性時間可以稍作修正。

請孩子一邊回想自己的行動，一邊認真思考：「為什麼無法依行

不要只是問孩子爲什麼不能按表操課，而是要讓他自己思考

不良的教導方式
這不是你自己定的行程嗎?!
為什麼做不到!!
你老是這樣！
算了我不管了！

好的教導方式
沒有依照原定計畫真可惜。
但這正是修正失誤的好機會！
一起想想該怎麼改吧！

程表進行呢？」這個思考的步驟，能夠真正培養出「時間管理能力」，也就是「自我管理能力」。

不用口頭催促
也能促進孩子效率的方法

如同前文所提到的，首先要循序漸進地讓孩子具備「對時間的認知」與學會「管理時間（行動）」。「動作快點！」、「趕快！要來不及了！」、「不要總是遲到！」在你煩躁得大吼這些話之前，希望你能回想起「時間的理解與管理」這個概念。

請家長以體諒的目光來看待，其實孩子自己也想快一點、也不想遲到，想加快速度，但卻力不從心。

被父母責罵了，孩子可能會覺得委屈或不解，也可能從此加深親子之間的鴻溝。

育兒的重點，就是不能慌亂，依照每個階段適合的應對方式來教育孩子，如此一來，孩子便能夠充分發揮他原本具備的能力。

接著，將更進一步說明促進孩子行動效率的具體方法。

讓孩子行動更俐落的教育法

重點① 告知理由

告訴孩子為什麼一定要加快腳步。像是

「上學會遲到」、「因為要出門辦事情」、「不早點去洗澡睡覺的話，明天早上會起不來。」有明確的理由，孩子也會比較容易實際去執行。

重點② 把現在要做的事縮減爲一項

「快點換衣服、吃飯、拿書包、準備好去學校。」你是否曾說過這樣的話呢？

在匆忙慌亂的早上，家長自己也很焦慮，忍不住會說出類似的催促話語。

但是，在著急的時候，一次給出這麼多項指示，孩子會因為陷入混亂而反倒拖拖拉拉。

若想要促進孩子的效率，先說「換衣服吧」，換完衣服再說「接著來吃早餐囉！」，每次只說一件當下要做的事情。

重點③ 說出具體的時間點

家長囑咐孩子的時候，請說出具體的時間點，例如：「七點半之前要把早餐吃完」、「六點之前要把房間整理好」。

倘若只是說「加快速度！」、「快一點！」或「來不及了！」，孩子還是不知道到底要多快才行。聽慣了這些催促的話，依然無法激發孩子想要加快速度的念頭。

當家長明確告知時間點，孩子便會自己估算：「還剩幾分鐘」、「那得要吃快點了」，為了遵守時間而做出相應的動作。

提升孩子行動力的三個重點

重點 ① 告知理由
如果不早點洗澡睡覺的話，明天早上會起不來喔！
對耶！
重點 ② 把現在要做的事縮減為一項
早安
早安
先換衣服吧！
現在吃早餐吧！
重點 ③ 說出具體的時間點
8點要出門，所以7點半之前要吃完早餐喔。
那還有20分鐘

不要只是一味的催促，重要的是透過言語讓孩子預想未來情況，促使孩子自主思考進而行動，這樣的方式對於提升孩子行動力會比較有幫助。

閒適放鬆時，才能湧現出想法和動力

「時間」對每個人來說都是平等的，一天只有二十四小時，如何運用這有限的時間，將決定未來人生如何度過。然而，現代的孩子卻經常被時間追著跑。

人都需要有一段閒適的時間，唯有在安靜悠閒的狀態下，方能湧現出連綿不絕的想法以及想去做某件事的動力。

建議家長在觀察孩子狀態的同時，以稍有餘裕空間的生活為目標，定期與孩子一同討論目前才藝課的數量及其必要性。

像這樣體貼孩子的舉動，也能夠將孩子「心的根基」培育得更加強健。

「不與他人比較」的重點複習 4

養成有效利用時間的能力

將父母運用時間的方式以圖表顯示出來，
在教導孩子時間管理的同時，也來看看家長自己如何規劃一天的時間。

● **基本生活時間**（綠色）
從事生活中必要的基礎活動之時間。
例如：睡眠、用餐、洗澡、身體的清潔保養等等。

● **社會活動時間**（紅色）
從事在社會生活中必要性高的活動之時間。
例如：工作、家事、育兒、學業、照護等等。

● **積極的休閒時間**（黃色）
主動參與讓人生更加充實的活動之時間
例如：興趣、志工、運動、娛樂、與親友聊天等等。

● **身心休息時間**（藍色）
除了以上三類時間以外，讓身心獲得休息的時間
例如：休息、放鬆、悠哉度日等等。

分類的關鍵在於「你如何定義那段時間、你的感受是什麼」。比方說，獨自悠閒散步是屬於身心休息時間，而與朋友事先約定好行走距離一起散步，則是屬於積極的休閒時間。

一格＝1小時

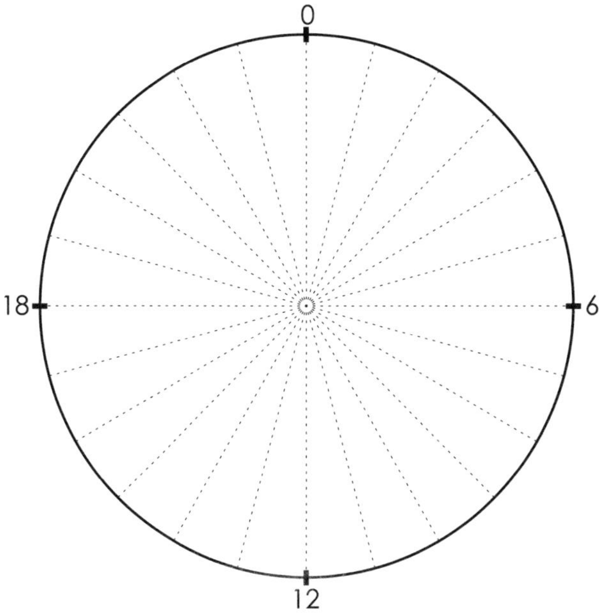

將一天24小時內的活動依右頁類別分類後，再依類別填入左邊的圓餅圖。

當你想要改變其中一項時，必須檢視並改善目前的使用方式，建議各位在感覺到「好像不太順利」的時候，重新檢視一次自己分配時間的方式。

隨時注意自己每天的活動，思考理想的時間使用方式，檢討想減少或想增加的時間。育兒過程中總是計畫跟不上變化，無論現在多麼辛苦，也是暫時的，不會一直持續下去。與孩子共度的光陰都是千金不換的寶貴時光，終將會成爲最珍貴的記憶。

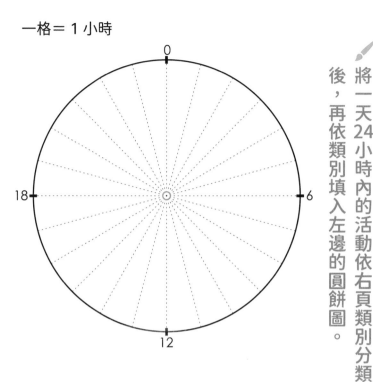

5

不同性格的「心根育」

因材施教，迅速提升能力的8個正向語法

在看到某個東西時，我們通常會先注意到它「缺少了什麼」以及「有哪裡不夠好」。

比方說，若杯子有缺損，便會特別關注那個缺口；色鉛筆或蠟筆少了一枝，也會特別在意缺少了哪個顏色。

同樣道理，當我們將目光放在孩子身上，是否也經常只看到他「表現不好的地方」，而忽視了他「表現好的那一面」呢？若以不同切入點去看「表現不好的地方」，也許會看到完全不同的

只看到孩子表現不好的地方……

另外一面喔！

即便是同一個東西，從不同的角度看，所看到的形狀也會不一樣。

請在腦中想像一個圓筒形的茶罐，從上方俯視會看到圓形，從側面看是長方形，而斜切面則是橢圓形。

同一個圓筒形的茶罐，隨著觀看的角度不同，映入眼中的形狀也大不相同。

當我們在孩子身上看到缺點，只要用另一種角度來看，或許也能將缺點轉為優點。

藉著運用「心根育」的觀點去關注孩子，正向看待孩子的缺點，也能讓孩子「心的根基」更加強健，使缺點成為孩子的強項。那麼，該如何改變觀點、該怎麼和孩子對話才恰當呢？本章將針對這個部分詳細說明。

① 浮躁好動的孩子

有些孩子總是靜不下來，讓人忍不住想對他說：「你安靜一點！」雖然不會對日常生活造成太大阻礙，但無法集中精神在一件事情上，家長也會操心：「如果能夠沉穩的用功念書，也許成績會更好……」

「很容易分心，無法持續專注……」

「為什麼完全靜不下來呢？」

相信有些家長會有此煩惱。

「心根育」的觀點

總是躁動不安的孩子，可以視為好奇心旺盛，對所有事情都有興趣，所關注的視野十分寬廣。

每當有新事物出現，都會引發他的好奇心，每天都保持在興奮和期待的狀態之中。

心的根基培育語法

家長可以對孩子說：

「有這麼多開心的事情，真讓人雀躍萬分呢！」

「你每天都有好多樂趣，很棒喔！」

當孩子沉浸在某件事物當中時，請盡可能地讓他持續集中專注力，視情況臨機應變。

請回想一下，在孩子專心做一件事的時候，是否總是從旁介入而打斷了他。另外，檢查看看孩子房間裡是否放了太多讓他分心的東西，也可以針對同一個主題詢問孩子一些比較深入的問題。

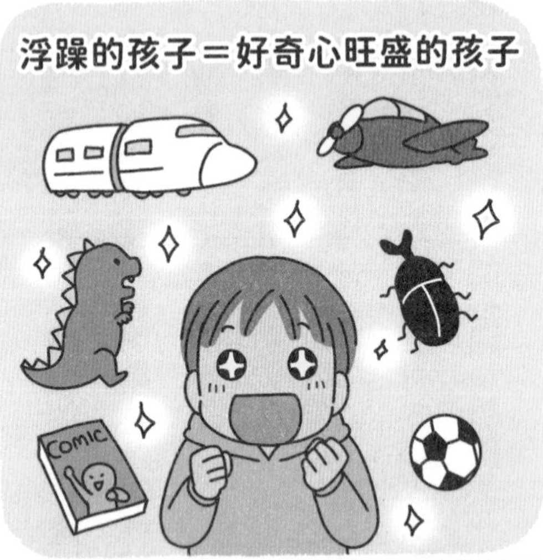
浮躁的孩子＝好奇心旺盛的孩子
COMIC

重點建議

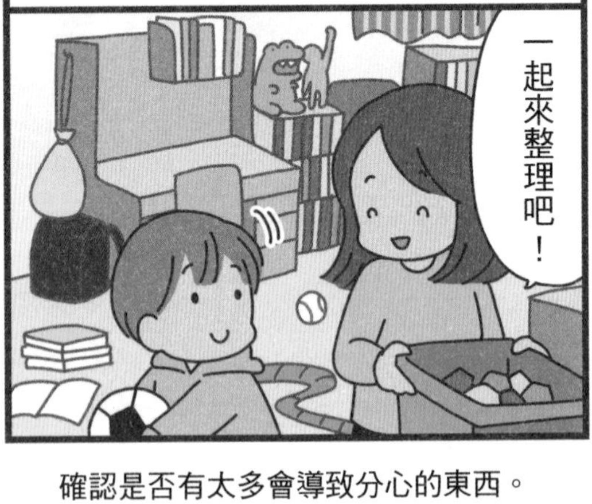
一起來整理吧！

確認是否有太多會導致分心的東西。

②動作慢吞吞的孩子

「我家孩子做什麼都好慢！」「跟別人比起來總是慢一拍！」你是否也有這樣的想法呢？

看著無論做什麼都悠悠哉哉的孩子，想必有些家長會心急又煩躁的想：「為什麼我家孩子動作這麼慢！」或許還會忍不住對孩子大吼：「動作快點！」、「你為什麼老是拖拖拉拉的！」

「心根育」的觀點

總是不慌不忙的孩子，可以視為是做事謹慎細心的人。

在任何狀況下都依照自己的步調行動，也是優點。

心的根基培育語法

家長可以對孩子說：

「你總是這麼細心呢！」

「你很慎重地想把這件事確實做好。」

孩子聽到這樣的回應會感到十分開心，也會更容易接受你之後要叮嚀的事情：

「今天十點要出門，所以在那之前要做好準備喔！」

「六點要吃晚餐，吃飯前要整理乾淨喔！」

如此一來，孩子便會在從事原本在做的事情同時也留意時間，慢慢調整自己的行動，以符合你告訴他的目標。（對話方式請參考第4章「養成有效運用時間的能力」）

動作慢的孩子＝謹慎細心的孩子
你總是這麼細心呢！

重點建議
6點要吃飯，在那之前要整理好喔！
差不多要開始整理了。

叮嚀孩子的同時也告知明確時間點。

③個性頑固的孩子

有些孩子的性格會讓家長忍不住說：「這孩子真是固執！」

聽不進其他意見，一心堅持要照自己的想法去做：

「不這樣的話，我就不做了！」

「我絕對要如何如何！」

家長想必也對孩子這種固執的性格感到精疲力竭吧！

不這樣的話，我就不做了！
生氣！

「心根育」的觀點

性格頑固的孩子，換個角度來看，可以視為是意志堅強的人。

不輕易放棄，也不人云亦云，抱持堅毅不動搖的強大信念持續往前邁進，這是很棒的特質。

心的根基培育語法

家長可以對孩子說：

「你不會隨波逐流，會堅持自己的原則到最後。」

「你的行動總是伴隨著堅定的信念！」

之後，可以讓孩子親身體會當他人與自己意見相左的時候，藉由互相協調、退讓，進而達到折衷共識結果後所感受到的愉悅心情。

也許家長會為了孩子的固執而感到煩躁易怒，但請千萬不要因此而怒罵、訓斥孩子。

父母應該細心地傾聽孩子的想法，再試著提出其他選項，向孩子解釋為什麼這個做法行不通，讓他明白方法和對策不是只有一種。請

頑固的孩子＝意志堅強的孩子
不管！我就是要先看！
我也想看呀～
重點建議
一起看會更有趣喔！

提出能夠緩和情緒的備案。

在一個放鬆的環境下，以能緩和孩子情緒的方式告訴他：「媽媽相信你，就由你來決定怎麼做吧！」

④優柔寡斷的孩子

「為什麼你總是沒辦法自己決定？」、「你要猶豫到什麼時候？」家長一定也曾經因為孩子無法自己做決定、陷入徬徨、遲遲說不出答案而感到焦躁。

出門前無法決定要穿什麼衣服、到餐廳用餐選不出要吃什麼……面對這種優柔寡斷的孩子，也許會讓家長感到擔心和不安。

「心根育」的觀點

優柔寡斷的孩子，可以視為是深思熟慮、慎重行事、三思而後行的人。

另外，也具有尊重他人想法、重視合群等特質。

心的根基培育語法

家長可以對孩子說：

「你總是想得很仔細呢！」

「經過深思熟慮也好，才不會後悔。」

父母面對遲遲無法做決定的孩子，總會忍不住幫他選擇或直接給出指示：「別想了，你就選那個吧！」但這種時候，請家長們耐住性子，等待孩子自己做決定。父母若在這時幫他選擇，那麼孩子就會認為「只要不講話，就會有人來幫我決定。」

優柔寡斷的孩子＝
考慮周全後才行動的孩子
嗯～該穿哪一件出門好呢？
重點建議
聽說下午開始變冷喔！
那我穿這件！

提供有助於選擇的建議。

建議家長可以從日常生活的小事開始訓練孩子自主決定，提供二選一的選項，孩子比較容易回答。

還有，家長從旁提出一些能幫助孩子思考的條件，也會讓孩子可以較快做出決定。

比方說，當孩子在出門前煩惱該穿什麼衣服時，家長可以提供建議：「氣象預報說下午開始會變冷喔！」應該會相當有幫助。

⑤調皮搗蛋的孩子

有些孩子總是調皮搗蛋愛嬉鬧，讓人忍不住想說：「不要得意忘形了！」、「別再胡鬧了！」

當父母認真說話時，孩子不當一回事，讓人滿肚子火，一旦斥責他，還會說：「媽媽生氣的臉好好笑喔！」一邊模仿你的表情，真是讓人氣到不行。

「心根育」的觀點

調皮搗蛋的孩子，可以視為是開朗且有幽默感的人。

在學校和班級中應該都是開心果，會讓大家和樂融融、創造歡樂，人緣也會相當好。

很容易得意忘形

心的根基培育語法

家長可以對孩子說：

「只要有你在就很開心。」

「你很有幽默感呢！在團體裡總是能夠把氣氛炒熱。」

容易因為興之所至就得意忘形的孩子，有時不分場合的頑皮胡鬧，容易造成他人的困擾。這時，家長可以從旁幫助孩子判斷現場的狀況。

告訴孩子：「有你在的地方，氣氛都很好，大家也會變得開心。」先稱讚孩子的開朗和幽默感，再稍微提醒他要留意別人的感受以及當下的氛圍。

在不同場合給予適當提醒。

⑥ 內向的孩子

「你應該多說出自己的意見。」

「為什麼你總是沒主見，都跟著別人的想法走呀？」

家中有內向的孩子，家長難免會為此感到無奈。

常常人云亦云、跟從朋友的意見，連自己的想法也說不出口，看著真讓人心急如焚。

「心根育」的觀點

性格內向害羞的孩子，可以視為是和善溫柔、尊重他人感受的孩子。這樣的孩子善於察言觀色、配合他人步調且重視團隊氣氛。

心的根基培育語法

家長可以對孩子說：

「你很重視團隊合作呢！」

「你會體貼朋友的感受，真的很溫柔喔！」

建議可以從家中的小事開始讓孩子練習，由家長分配工作並指派給孩子做，像是由孩子來擔任家族旅行的隊長並訂立旅行計畫、由孩子來決定今晚的菜色等等，從生活小事出發。當孩子自主決定並做出行動之後，請家長一定要認可並讚揚他的行為。

也請家長多給孩子加油鼓勵，對他說：「一定沒問題！」、「加油！你一定辦得到！」聽見「媽媽會一直為你加油」這樣的話語，相信孩子心中也會湧現安心與勇氣。

內向的孩子＝
配合他人步調的孩子
大家一起來跳繩吧！
好呀！

重點建議
這週末要去遊樂園，就由你來定旅行計畫吧！
交給你了
嗯！我試試看！

指派任務給孩子。

⑦粗心的孩子

「你怎麼老是這麼粗心！」、「為什麼不能再細心一點呢？」你是否也曾經對此感到頭痛？

做事總是馬馬虎虎、弄得亂七八糟，讓人不禁心想：「你難道不能細心地把事情做完嗎？」

「心根育」的觀點

粗心大意的孩子，可以視為是不拘小節、無懼挑戰、行動力強的人。

就這樣吧！

家長可以對孩子說：

「你真的很有行動力！」

「勇於挑戰，而且不拘小節，很勇敢喔！」

家長可以建議孩子對某件事嘗試事前規劃，每個步驟所設定的時間，比原本需要的時間訂得更寬鬆一點，這樣一來，在時間充裕的情況下，能夠促使孩子將每個步驟做得更加仔細。

「時間還夠，慢慢來也沒關係。」

「想想看有沒有什麼還沒帶到呢？」

「再檢查一次吧，也許會有更好的結果喔！」

告訴孩子這些話，也是不錯的方法喔！

提醒孩子再次檢查。

⑧ 喜歡找藉口的孩子

「我們不是講好了一天只能玩一小時的電動嗎？」

「如果明天臨時要出門就玩不到了啊，所以我今天先連明天的份一起玩啦！」

「自己把吃完的餐具拿到流理臺。」

「可是每次你都有幫爸爸拿去啊！」

日常生活中，孩子找藉口、挑大人語病、說些歪理的情況簡直多不勝數，有些伶牙俐齒的孩子甚至能把父母說得啞口無言。家長

光說不做
我現在玩的是明天的份！
爸爸你自己還不是沒有做！
嘮嘮叨叨說個不停

或許都為此感到困擾：「為什麼孩子總有找不完的藉口呢？」

「心根育」的觀點

喜歡找藉口、滿口歪理、光說不做的孩子，可以視為是客觀檢視事物、思考靈活的人。

心的根基培育語法

家長可以對孩子說：

「原來如此！你這麼一說我才發現的確如此。」

「你這樣說好像也有道理。」

請家長不要義正詞嚴地反駁：「小孩跟大人不能相提並論！」、「小孩子有耳沒嘴！」或是斥責：「你總是一堆藉口！」對於父母講的這些話，孩子又會想著要怎麼回嘴。

這時，請對孩子的回應表現出佩服的態度：「原來如此！」先接受他的說法。

然後再試著以「如果你能幫忙做這件事，媽媽會感到很開心喔！」

愛找藉口的孩子＝
思考靈活的孩子
蔬菜也要吃喔！
我剛剛有喝蔬果汁，所以不吃菜也沒關係！
重點建議
如果你能把媽媽煮的菜吃光，我會很開心的！

以「感受」來說服孩子。

或「如果你能做這件事，就是幫我了一個大忙！」這樣的方式來傳達父母的心情。

家長的評語會爲孩子貼上標籤

父母無意間說出對孩子的評語，像是「靜不下來」、「調皮搗蛋」等等，孩子會因為這些評語而認定自己：「我就是靜不下來」、「我就是頑皮的小孩」，周圍人也會因此認為孩子的性格就如父母所說的那樣。也就是說，家長的評語會為孩子貼上標籤。

藉由「心根育」的觀點和語法，可以將原本認為是孩子缺點的特質轉變為優點。請各位家長務必嘗試看看。

「不與他人比較」的重點複習 5

不同性格的「心根育」

孩子的表現是好是壞，端看你解讀的角度是正面或負面。若是以正面角度來看，不只孩子本身，就連父母的心情和舉止也會變得正面。請製作出一個表格，把孩子的個性將負面形容詞轉換爲正面形容詞吧。

例如：

負面		正面
強勢	↓	有主見、可靠
膽小	↓	溫和、很善良

比方說，當我們聽見「個性強勢」這樣的形容詞，就會有霸道、略帶攻擊性的印象，但如果換成是「有主見」、「可靠」，就會感覺是一個行事有自我主張、

試著把常用的「負面用語」改成「正面用語」吧！

遭遇困難也會努力克服的人。

另一個相反的例子，若聽到「膽小」，可能會認爲這個人沒有自信、怯懦、過於在意他人的看法，但換成「溫和」、「很善良」，則會有擅於觀察環境、配合他人步調、體貼人心的印象。

請家長們也務必用這樣正向的角度來看待自己的孩子。

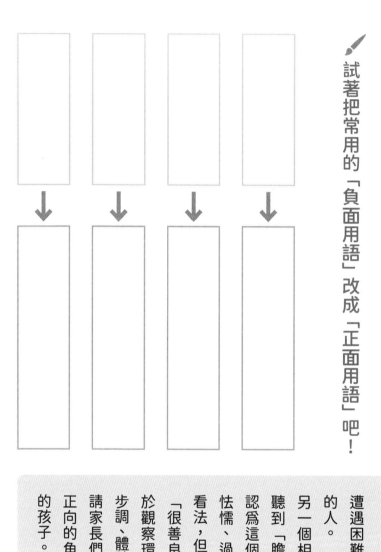

6

家庭學習

培育心的根基
讓孩子懂得自主學習的5個協助法

我經常聽到有些家長會跟孩子說：「那個誰誰誰很會讀書」、「某某某真聰明」之類的話。

或許有些人認為，每個人的能力是與生俱來的，一開始就已經有高低之分。其實，每個孩子都具有對學習的好奇心與未知的潛力。

周圍大人如何引導孩子發揮好奇心與潛力，並運用於學習能力上，將會對孩子的表現造成莫大影響。

以社交互動為著眼點，致力研究兒

從嬰兒期到幼兒期，孩子會從「透過社交對話來學習」轉變爲「透過自我對話來學習」。

童發展的心理學家維高斯基（L.S. Vygotsky）認為：「兒童並非是從學齡期才開始學習事物，當孩子問『為什麼？』而大人給予答覆的時

就算坐在書桌前，也無法專心

候，或當孩子對其他人感到好奇而詢問的時候，其實孩子都正在學習。」（出處：維高斯基著作《心理學講座》）

並不是進小學才開始學習，在這之前，孩子早已透過生活中與父母的交流展開學習了。

當父母說：「進小學之後要認真讀書」、「不好好用功，會

跟不上大家的進度喔」，如果孩子本身無心努力，根本就聽不進去。甚至，孩子會因為不想被碎念而坐在書桌前，就算坐在書桌前，也有可能只是做做樣子騙過父母而已。

那麼，到底該怎麼做呢？本章將分享具體方法。

家長的學習助力① 傳達讀書對日常生活的助益

建議家長可以告訴孩子讀書的目的，以及習得這項知識後會對日常生活有什麼助益、會帶來什麼幫助。

倘若只是囫圇吞棗，死背重點、公式和解答，並無法真正將知識化為己用。應該從「學會這個知識，能對日常生活的什麼地方帶來助益。」這個切入點來說服孩子。

比方說，學會數學的加法和減法，在買東西的時候就能很快計算金額。

如果學會乘法，在計算規律排列的物品時就很方便，而在平均分配物品的時候，除法就能派上用場。

生活中有各種能作為例子的情境，像是要分配糖果之類的固體物品，或是果汁類的液體物質。

而自然課、理科、社會課會先設定一個假設再進行實驗或觀察，藉由這樣的訓練，要推估或預測某件事的時候就能運用所學。課程中會學到與所在地區相關的內容、對職業的理解、對災害的認識等等，全都是對日常生活有直接幫助的知識。

透過國語課，習得對文章的閱讀能力，能幫助我們讀懂書的內容，

讓孩子想像這個知識對自己有什麼幫助，能夠提升學習能力

提升學習能力的說話方式
學會英語，去國外就能交到朋友囉！
哇
原來讀書能拓展世界呀！

讓孩子討厭讀書的說話方式
快去念書！我都是為你好！
眞囉嗦——

是學習不同領域知識的基礎技能，當我們閱讀故事或小說，就能夠培養出對書中角色感受的理解力，出社會後，對於檢視、理解合約書等文書內容都很有幫助。藉由了解「學習這門知識的助益」、「在生活中派得上什麼用場」，孩子的學習表現便能飛速成長。

父母常因為一心希望孩子用功讀書而說出：「快去念書」或「我都是為你好」這類的話，不過，對孩子來說，愈是被命令、被要求感恩，就愈不想去做。

不僅如此，可能還會因此冒出對父母的反抗情緒。因此，希望家長避免說出類似的話，請告訴孩子「學會這個，會帶來什麼樣的助益、在什麼時候會帶來幫助。」

家長的學習助力② 避免學過就忘，透過反覆學習讓知識內化

孩子現在正在學習的內容能夠馬上寫得出來，但是上個學期學的內容卻想不起來了。孩子現在正在學習的數學問題能夠順利解得出來，但是之前學過的問題卻寫錯了。

各位家長是否也有遇過這樣的情況呢？

在學習的當下「寫得出來」、「能夠理解」、「解得出來」，考試分數也很好，看起來一切都沒問題，但是，學習到的知識要能夠真正內化到腦中更重要。

如果沒有內化，學習基礎便很薄弱，隨著年級的上升，學習力也變得不穩定。結果導致無法像從前一樣理解課程內容，於是考試分數下滑，因而變得不喜歡讀書，這樣的例子十分常見。

那麼，該如何讓學習到的內容內化為腦中知識呢？最有效的方法莫過於「反覆練習」。

為了讓孩子能夠樂在反覆練習的過程，請家長運用一些話術。

舉例來說：

「你在學這麼難的內容呀！可以教教我嗎？」

「會寫這麼多字真的好厲害，之後無論什麼書都能讀懂了！」

幫助孩子對反覆練習感到有趣，能提

反覆練習是重要的讀書方法

太棒了！你真的很努力！
上學期
這學期

感受到「我辦到了！」、「眞好玩！」能讓學習更加進步

完成的話就在空格裡貼張貼紙吧！
數學
國語
哇！眞好玩！
具體呈現出孩子的努力
你做了這麼多努力！
我要更加油！
數學
國語
錯字要罰寫十遍！
什麼～～
只斥責孩子的錯誤
嗚嗚嗚～～
我不想努力了～

升集中力，也更容易內化為自己的知識。

在日常生活中，家長不應只是關注孩子的考試結果，若能夠對於他正在學習的內容抱持關心，想必就能說出許多鼓勵孩子反覆練習的話。

家長的學習助力③ 先確認出錯原因，再對症下藥

在孩子日常的學習過程中，非常重要的一點是，若出現不太理解的內容，盡可能地幫助孩子理解概念。為此，請家長務必要檢視孩子出錯的地方，了解為什麼會寫錯、哪個環節的理解不夠完全，並且針對癥結點來解決。

比方說，如果是誤解了數學的題目內容，家長要深究其「誤解」的內容，並分析誤解的原因。

然後，請認真研究「題目真正要問的問題是什麼」。

● 解題過程中的計算失誤

若是孩子的出錯是屬於這類型，家長要先掌握是出錯的地方在哪裡，可能是計算方式、乘法或除法的算式、紙上運算的內容、小數點的進位、小數點的位置等等。

● 筆跡或寫法太亂

有可能是0在計算過程中寫成6，或是在書寫直式計算的過程中，數字單位亂掉了而導致最後的答案錯誤。

● 算式裡用錯了計算方式

可能是因為沒有理解題目要問的到底是什麼、記錯公式或是誤解了題目內容。

在徹底掌握孩子出錯的點之後，再針對癥結點來解決，視狀況而定，有可能必須要回到上學期的課程內容來確認孩子學習的狀況。倘若對「不理解的內容」置之不理，將會對之後的學習造成巨大影響。

對於孩子的出錯，不能只是叫他「再寫一遍」，而是要去了解「是哪裡出錯？為什麼會出錯？」，找到原因後，建議家長應鼓勵孩子：「好可惜，我看你算到一半都是對的！」同時也協助孩子找出解決的方法。

不過，並不是每次當孩子出錯時都要一再了解詳情、分析、處理，一剛開始家長可以與孩子一同檢視出錯的地方，之後便可以慢慢地讓孩子養成自己研究原因並思考解決之道的習慣。

認真檢視出錯的問題，鼓勵孩子的同時也一起思考解決之道

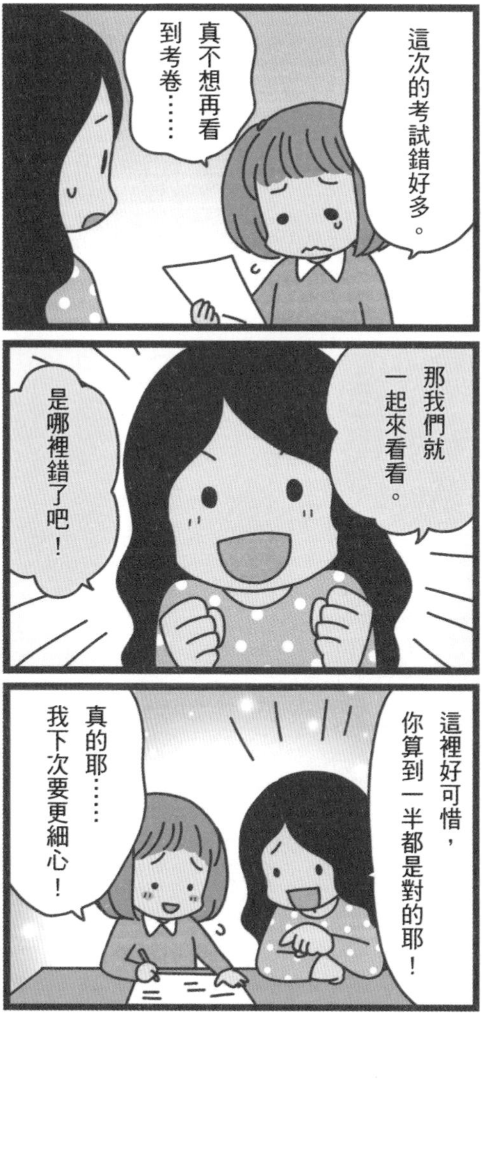

家長的學習助力④ 打造適合孩子的學習環境

有一陣子曾經流行過「在客廳學習效果較好」這樣的趨勢，有些人認為：「在客廳學習對孩子有幫助。」、「國中考試順利的家庭都是倡行在客廳學習。」

的確，當孩子在學習的時候，若父母就在旁邊，可以觀察孩子學習的狀況，有不懂的地方也能馬上教導，或是及時給孩子一些鼓勵，以這些角度來說，在客廳學習確實有其好處。

但是，家長必須事前把遊戲機、漫畫書之類會讓孩子分心的物品收在看不到的地方。而且，如果弟弟妹妹在旁邊吵鬧、家人一直在看電視、有人進進出出的話，就要另當別論了。

雖然在客廳學習基本上是好的，但也必須判斷環境是否能讓孩子

適合在客廳學習的例子
觀察孩子的狀況。
若有不明白的地方就能馬上教導。
也能直接傳達鼓勵的話語。
好用功呀！
數學

不適合在客廳學習的例子
吵鬧！
一直開著電視
有很多導致分心的物品（例如漫畫）。
漫畫

在客廳學習基本上是好的，
但也必須考量到環境是否適合讀書。

專心讀書，依各家庭的狀況來選擇適合學習的場所。

家長的學習動力⑤ 準備一些能激發孩子讀書動力的物品

無論是房間或是客廳，最適合學習的房間是讓孩子想要「一直待在這裡」的地方。

假如是一個單調無趣也完全無法讓人靜下心來的房間，光是走進去都提不起勁了，遑論學習。首先，要將這個空間打造為「想在這裡讀書」的地方，使用顏色柔和的窗簾、選擇會吸引孩子注意力的物品，像是彩色筆或喜歡的卡通圖案鉛筆盒，還有光是觸摸都會帶來愉悅心情的文具用品等等。

準備一些能激發孩子讀書動力的用品，並打造一個愉悅的環境，是一個不錯的做法。

●是否培育「心的根基」的差別

家庭學習 6

「不與他人比較」的重點複習

對孩子來說，比起父母耳提面命的催促「快去讀書」，看著父母積極生活的樣子，更能讓孩子感到開心且激發起學習動力。以下舉出一些例子作爲參考，請各位思考自身的優點，透過這個表格，希望能夠引導家長們認識自己未曾察覺的強項或優點。

小時候的強項

- □打招呼的聲音很有活力。
- □喜歡閱讀。 □跑步很快。
- □經常借東西給忘記帶的朋友。
- □營養午餐不挑食。

客觀檢視自認為理所當然的習慣

- □每天早上做便當。
- □珍惜自己的寵物。
- □看見需要幫助的人時，一定會上前詢問。

過去的成功經驗

□參加各種比賽並得獎。
□協助舉辦學校大型活動並順利結束。
□曾有人爲我說的話而感動。
□因爲親切待人而被感謝。

隨時提醒自己要做到的事

□家人出門時，會笑著說：「路上小心！」
□不談論他人的負面謠言。
□在責罵孩子後，一定要稱讚他表現好的地方。
□珍惜每一份感動。

會讓自己極度專心的嗜好

□閱讀　□料理　□手工藝
□繪畫　□唱歌　□運動
□DIY作品　□種菜

相信大家應該都發現了許多自己的優點與長處吧！

寫下你的夢想吧！

7

補習班、才藝班

引導出孩子的最佳表現，選擇課外教育前必知的基礎知識

近年來，除了學校還有另外去上才藝班的孩子很多，調查結果顯示，日本的國中小學生約八成都有接受課外輔導或才藝課程。

其中，小學六年級生約有38％去補習班，國中三年級生有補習的比例則占了65％。

這個數據並未包含家教或網路教育，由這些資料可知，現在有許多孩子會以各種形式接受學校教育以外的學習課程，這也與各個家庭的經濟能力以及

對孩子教育的重視程度息息相關。

站在家長的立場，是希望能夠促使孩子認真向學，加深對各學科的理解，進而提升成績，才會送孩子去補習。的確，補習班會以一個與學校不同的角度，來讓孩子對知識與課程內容有更深的認知。

但是，如果認為孩子去了補習班就一定會認真念書、成績突飛猛進的話，這就錯了。

若是到了一個不適合孩子的補習班，可能會反倒使成績下滑，甚至降低了想用功讀書的意願。

因此，建議家長在為孩子挑選補習班的時候要謹慎檢視，本章將介紹在挑選適合的補習班時應確認的重點，以及孩子開始補習前應該注意的事項。

＊ 本章內容參照：日本的文部科學省（約同台灣的教育部）於 2008 年發布的〈學童校外學習活動之實態調查報告〉

補習班

選擇適合孩子的補習班，並善加運用補習功效的重點

① 釐清補習的目的

首先，請明確訂出補習的目的，是針對學校課程的加強，或是以準備大考為目的，隨著目的不同，補習班的選擇方向也不一樣。或許之後會改變補習的目的，但一開始還是想清楚會比較好。

還有，建議一定要親自到補習班試聽課程。

原來如此！
考試對策？
課程的加強？

②了解補習班的特色

請向補習班詢問其教育理念、優勢是什麼、有何特別之處。

比方說，是能夠幫助孩子克服不擅長的科目、提升在校成績、還是能夠幫助孩子跟上課程進度等等。如果將目標放在大考，重視的點就是要有補習班往年榜單紀錄以及對於考上目標學校有完整的對策等等。

③不被廣告所迷惑

打出「成績大幅提升」的廣告詞，也許只是一大群學生裡的一個人或兩個人；而補習班宣稱的知名學校錄取數字，也可能是一位優等生考上好幾間學校。另外，所謂的錄取率，也可能是補習班刻意將成績優異的學生組成一班作為分母所計算出來的數字。希望家長們別被這些不實廣告或宣傳標語所迷惑。

④別忘記確認交通方式與周圍環境

請記得事先查清楚前往補習班的交通方式及周圍環境，是騎腳踏車能到的距離，需要接送，或是要搭乘大眾交通工具，若是要搭車，車站周邊的治安也是必須多加注意的問題。

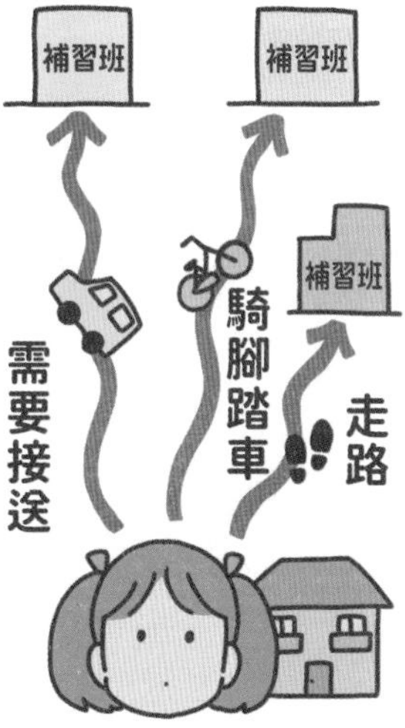

⑤詢問缺席的處理方式

遇到學生缺席的情形時，有些補習班會連絡家長，有些補習班則以補課的方式補上進度，家長也能從這個地方看出補習班對教育的熱忱與否，建議可以先確認。

⑥了解月費以外的細項費用

另外，雖與孩子本身無關，但還有一件必須事先調查清楚的事項，那就是費用。

除了每個月要繳交的學費以外，還有會員費、講義費、每一季的講師費、模擬考費用、場地費等等大大小小的費用。可能會先繳納半年的費用，但若讀到一半不想去了也無法退費，一定要先在事前仔細了解。

數學成績又下滑了，孩子的計算能力要加強喔！
嗯……我也有發現！
那麼到底該怎麼做呢？

⑦親師懇談、教室布置等其他事項

教室內的布置雖會隨著季節更新，不過可以留意朋友或附近的家長評價如何，了解這個補習班的特色與風評。

倘若現在孩子已經在補習班上課，請在親師懇談的時候仔細聆聽老師的評語。

「他的數學成績又下滑了。」、「國語的閱讀理解能力待加強。」

老師說的這種結論，父母只要看

考試結果也能知道。

如果老師並沒有提出改善對策或是具體方案，那麼也許可以考慮是否該繼續去這家補習班了。

在選擇補習班時，有許多需要注意的點，但最重要的還是選擇「適合我家孩子」的補習班。為了加深對學習的理解並且有效率的提升成績，請善加運用補習帶來的效益吧。

才藝班 協助孩子磨練才藝技能的方法

① 積極接收新知，了解有哪些才藝

坊間現在有各式各樣的才藝課程可選擇，幾乎每個孩子都會學習

一些課外才藝。

自從日本修訂了學習指導要領，將英語放入小學課綱中，於是有許多人開始在課外補習英語。同樣被導入課程中的程式設計，也成為一項新的才藝範疇，開始引發關注。另外，游泳是一直以來都相當受歡迎的課程，其他還有足球、棒球、武道、鋼琴、體態律動、舞蹈、繪畫、下棋等等，增加了許多才藝的種類。

這麼多種類的才藝，到底該學什麼才好呢？相信有家長會對此感到困惑。不要只是

不明就裡的學習，只要經過認真思考，就能讓這個才藝變得更有意義。

②拓展孩子的經驗

學習才藝的動機有很多種，除了能輔助學校的課業，還有因為孩子本身喜歡，或是手足朋友也在學習，或是在網路媒體看到而感興趣，父母希望孩子去學習等等原因。相信也有孩子是因為想成為該領域的專家而想去上課。

無論有什麼理由，學習才藝能夠拓展孩子的經驗，是件好事。只不過，若是因為父母希望孩子去學這個才藝，建議家長先讓孩子對此產生興趣，再開始去上課會比較好。

孩子如果在喜好領域的技能磨練得更加出色，能夠提升各方面的自信心，不同的才藝對於培養各種能力也有幫助，像是積極心態、衝勁、思考力、判斷力、持續力、體力、協調性、表現力等等。

③ 事前了解很重要

不過，也有孩子因為學了太多才藝，一天得上好幾種不同才藝課而導致疲憊不堪。為了避免這種情形發生，請家長在考量孩子體力、時間及精神負擔的前提下，與孩子一同討論再決定。

選擇才藝課時的注意事項與前文的補習班內容大同小異，以下再追加幾個注意點供各位參考。

● 務必要試聽課程

建議一定要先參加課程體驗，觀察在場的學童情緒是否開心，老師的教學理念和教學計畫是否有不合理之處，指導老師的教學情形也是觀察重點。

•課程升級後有什麼不一樣

當孩子變更班級時，上課的時間、時段、教室都會隨之改變，補習班會配合學校及不同學年的制度連動，但是才藝班則不會，這樣的變動可能會造成接送上的困擾，請務必在事前確認。

•月費以外的費用

費用部分也是重點，運動類課程會有制服費、用具費、團體訓練的外宿費用等等，而藝術類

一定要體驗課程
好像滿開心的……
課程升級後的改變
升級之後是晚上7點開始上課……
什麼
月費以外的各種負擔
輪值
家長陪伴
制服費
外宿費

課程會需要為發表會或特別教學等活動另外繳交費用，或許會有家長輪值工作和家長會之類的聚會，建議詢問清楚。

④積極提升孩子才能的方法

建議家長可以對孩子正在學習的才藝多加關注，參與孩子的學習過程，藉由關心鼓舞孩子的學習意願。

舉例來說：

「假如會跳舞的話一定很帥氣！」

「等你學會游泳，暑假就全家人一起去海邊吧！」

「如果能用鋼琴彈奏喜歡的曲子一定很棒，媽媽也好想聽呀！」

「沒想到你足球踢得這麼好，爸爸嚇了一跳耶！下次一起踢吧。」

「哇，你的英語變得好流利喔！也教教媽媽吧！」

請在孩子實際上有進步的情況下，再給予具體的讚揚。稱讚孩子的原則是「與過去的他相比較，讚許他的努力」以及「具

體表揚進步的地方」。

透過學習才藝培育孩子不斷進步的能力，同時也使才藝成為充實日常生活的調劑品，為此，請家長們多投注心思於此吧！

⑤當孩子想放棄時的應對方式

雖然孩子起初是因為喜歡而開始學習才藝，但學到一半就想放棄也是常有的事。勉強孩子繼續學習，程度也無法進步，只是浪費金錢跟時間而已。

不過，假如孩子才開始學沒多久，只因為他說「不喜歡」就馬上

中斷，也擔心會養成孩子輕易放棄的習慣。如果是學了好長一段時間的才藝，家長也會感到很可惜：「好不容易學了這麼久，技能也練到這個程度了」。不管是哪種情況，站在家長的立場都會相當苦惱。

因此，以下將說明當孩子想放棄才藝時的應對方式。

開始學沒多久就想放棄

對孩子來說，有各種理由讓他想放棄，像是發現課程內容與想像不同、課程出乎意料的困難、跟老師合不來等等。以家長的角度來看，好不容易辦完入學手續也買齊需要的教材和用具，放棄很可惜；更讓人擔心的是，孩子會養成輕易放棄的習慣。如果遇到這樣的情況，請嘗試看看以下三個步驟。

❶ 以「讚美」重新激發孩子的意願

首先，請仔細傾聽孩子想放棄的原因，並且一同思考解決的方法。接著，**稱讚孩子努力的表現和有進步的部分，讓他感受到擁有成就感的喜悅，重新激發起孩子想投入這件事的意願**。藉由這個過程，有些孩子就會想要再次嘗試。

❷ 休息一段時間

家長可以提出建議：「要不要先休息一陣子呢？」讓他暫時遠離那件事，也許心情會有所轉變。例如體育類的才藝，有可能是因為體能跟不上因而想放棄，若是如此，等孩子再長大一點，體力提升之後，就能夠繼續上課了。

❸ 訂立目標，等到達成後再考慮放棄

透過以上兩個步驟，如果發現孩子依然不想繼續上課，那麼放棄也未嘗不可。在此狀況下，建議親子一起討論並訂出目標，達成之後再放棄也不遲。

比方說，如果是學習鋼琴，可以說：「我們一起堅持到學完現在這首曲子吧！」若是游泳，可以說：「等到學會自由式，就不用去了！」訂出一個目標，只要達成就不再繼續上課，督促孩子為了達到目標而努力，同時也能獲得成就感。

但是，在訂目標的時候，難度不宜太高，訂一個「再努力一點就能達成」的目標會比較好。

以讚美激發孩子的意願
你進步好多喔！這麼努力真了不起！
暫時休息充電
我再試一次看看好了……
達成目標後再放棄
通過下一級的門檻之後再放棄吧！
7級←8級

學了很久而想放棄

如果已經學習這項才藝很長一段時間，想必技能提升了不少，孩子本身應該對這才藝也多少有點自信了，但是，有可能因為學習內容變得愈來愈困難，或是在技能表現或學習成效上不如同儕，也或者是因為人際關係變得更加複雜的緣故。

❶ 給孩子再度思考的時間

首先還是要耐心聆聽孩子不想繼續上課的理由，再做出應對。即便是再厲害的頂級運動員或是專家，也會有想要放棄的時候，家長可以建議孩子先暫停一陣子，之後再考慮看看。

❷ 試著討論是否換班級

假如已經學了滿久時間，孩子的人際關係應該也變得複雜許多，或許是因為與指導老師或同學的相處有些不順利，才讓他萌生退意。可以的話，申請變更班級或上課時間，或是換個才藝班上課，也是一個方法。無論要採取哪種做法，都請與孩子認真討論，一同思考。

❸ 先確定之後想做的事再放棄

雖然才藝學了很久，但隨著年

不繼續上鋼琴課，那你想做什麼呢？
我想要投注心力在學校的籃球社。

紀增長，學業的量也變重，孩子可能因此疲於奔命，也或許是出現了其他感興趣的事也說不定。若是如此，請家長讓孩子先確定之後想做的事之後再放棄，明確訂出具體的內容或目標會更好。

⑥放棄才藝課之後，家長要注意的事

在孩子中斷才藝課之後，有一點希望家長務必要注意，那就是千萬不要責備孩子，甚至說出：「你做什麼都不會成功。」、「反正你就是沒耐心。」這種話。

學習才藝，是為了讓人生更加豐富有趣，即便中斷了學習，未來也能當作興趣，享受其中樂趣，在孩子心中成為一個有意義的經驗與美好的回憶。期盼家長能抱持這樣的心態來看待孩子學習才藝這件事。

開心學才藝讓人生更富足！

「不與他人比較」的重點複習 7

補習班、才藝班

現今這個時代，幾乎每個孩子都會上補習班，家長也會對孩子的表現抱有更高的期待。

但是，希望家長不要認爲「因爲有在補習，應該要比其他同學表現更好。」、「成績一定要很優秀。」而是能夠體貼孩子的心情並從旁協助。

請家長先放下成見，捨棄「應該～」與「一定要～」的想法。

請試著將你原本認為「我應該～」、「我一定要～」的句子改寫為「如果可以，我想要～」、「能做到～的話就太好了」。

例：

我一定要做出營養均衡的料理給孩子吃。

↓

如果可以，我想要做出營養均衡的料理給孩子吃。

我一定要把家長會的工作做得完美無缺。

↓

如果可以，我想要把家長會的工作做得完美無缺。

愈是秉持完美主義、竭盡心力的家長，愈會被「我應該～」、「我一定要～」的觀念束縛，太在意他人眼光和評價，總會因旁人的言行舉止而焦慮。如果一心想著：「一定要加強『心的根基』才行！」反倒會帶給孩子不好的影響。因此，換個方向去想：「如果『心的根基』能變強就太好了！」轉念思考會更好。

8

生活習慣

讓孩子自然習得良好教養、提升學習力的方法

【用餐、睡眠、打招呼、整理環境、手機的正確用法】

之前已經介紹了培育孩子學習力基礎的「心的根基」、促進孩子的學業、協助孩子的家庭學習等方法，還有一件重要的事情必須提醒，那就是「日常的生活習慣」。

諸如吃飯、睡眠等基本生活習慣，是每個人生存的基礎，若總是草草了事，那麼，對於學校生活、學習、才藝等方面，也很難認真以對。如果想要充分引導出孩子的能力，生活步調及基本生活習慣的確立，是不可忽視的關鍵之一。

本章將介紹在日常家庭生活中希望孩子能夠養成的習慣，歸納為四個項目加以說明。

① 確立基本的生活習慣

・早餐

所謂基本的生活習慣，指的是日常生活中的基本活動，包含吃飯、睡眠、如廁、洗澡、換衣服等五種習慣，一般來說，建議在幼童期大約五歲到六歲之前要確實建立規則。不過，有

些孩子即便上了小學也還未能確立吃飯或睡眠的規律，尤其是早餐，隨著年級的升高，吃早餐的比率也愈低。

如果沒吃早餐，上課時就會肚子餓，無法集中精神聽課。早餐是支撐一整天活動的能量來源，一定要好好攝取。

●睡眠

倘若睡眠不足，課堂上會因為想睡覺而難以集中注意力，不僅如此，睡眠不足還會對大腦的記憶儲存造成阻礙，好不容易學習到的內容卻無法記在腦中。

而且會造成睡眠中分泌的荷爾蒙

和免疫力降低，使身體機能無法正常運作並且擾亂體內平衡。

再加上，睡眠不足也可能會導致孩子容易情緒失控、煩躁焦慮。

至於睡眠時間的建議時數，1～2歲為11～14小時，3～5歲為10～13小時，6～13歲為9～11小時，14～17歲為8～10小時，但以現狀來說，許多孩子都沒有達到這個標準*。

●調整生活作息

建議讓孩子早一點起床並確實吃早餐，為了達成這樣的目標，晚上要在固定的時間上床睡覺，確保足夠的睡眠時間是

*資料來源：昭和大學醫院附屬東院睡眠醫療中心〈孩童的睡眠障礙〉

很重要的。這麼一來，便能夠建立良好的生活作息，也會養成規律排便的習慣。

早餐和晚餐的時間盡可能維持在一個固定時段，晚上督促孩子在規定的時間就寢，將這些事情變成孩子每天的生活習慣，需要家長從旁協助。

②「打招呼」是建立人際關係的第一步

建立良好的人際關係，「打招呼」是基本禮貌，也是與他人展開良善溝通的起點，這對大人來說，也是相當重要的一件事，建議從小就在家裡養成打招呼的習慣。

首先，要從家長的身教開始做起。在此提醒家長避免說出：「早上起床應該要說早安吧！」、「吃飯之前要先說『我要開動了』才行！」這種話，不要急切地想教出有禮貌的孩子，因而耳提面命、強迫孩子打招呼。就算孩子原本想要打招呼，但聽見父母的命令，也會瞬間不想說了。

另外，**因為孩子不打招呼就嚴厲告誡、斥責，這也會造成反效果，可能會讓孩子對於這件事心生抗拒。**

家長若希望孩子養成打招呼的習慣，請由父母自身做起，在平時就要把「早安」、「路上小心」、「你回來啦」、「我要開動了」、「我吃飽了」、「晚安」等問候語掛在嘴邊。

說出這些話的同時，記得面帶笑容、直視對方雙眼，視狀況還可

讓孩子認爲「打招呼」是一件令人愉悅的事

以加上擁抱或擊掌，打招呼再搭配身體接觸，這樣的做法也不錯。

當孩子說出了問候語，這時請向他傳達出喜悅的心情：「聽到你這麼說，我的心情真好！」、「媽媽好開心喔！」

到了青春期，親子之間的對話也會減少，如果在這之前已經養成了打招呼的習慣，就能藉此稍稍化解心與心的隔閡。

良好的人際關係對於充實學習力與社會生活也是一大關鍵。

③整理環境能提升做事效率

各位是否經常看到這樣的景象？書桌上雜亂無章的堆著書包、考卷、教科書，家裡到處散落著筆記本和作業本。

「整理環境」對於培育學習能力也是相當重要的助力。

將環境收拾乾淨、整理整齊，就能縮短找尋物品的時間，快速接續到下一件該做的事。

整齊乾淨的房間能讓心情愉悅，做事效率自然提升，希望家長能在家中幫助孩子培養整理環境的能力。

不過，即便父母口頭上命令「好好整理乾淨！」，但這對孩子來說其實是一件很困難的事，甚至還會因為父母一再叮囑，而對整理這件事心生反感，更加不想去做。

要訓練孩子養成整理的習慣，請家長

在一開始與孩子一同決定整理區域、物品的固定位置。

準備一個用來放教科書和筆記本的書櫃，將重要的文件分類後收進資料夾，這些步驟都需要家長從旁協助。

在整理過程中，「去蕪存菁」也是一大重點。以必要性為篩選的準則，果斷捨棄不必要的東西。家長可以一邊詢問孩子：「這個是必要的東西嗎？」與孩子一同決定物品的去留。

等到孩子已經養成整理的習慣後，就放手讓他自己做。具備整理環境的能力，不僅能提升做事效率，**在成為社會人士以後，當面臨需要做取捨或列出優先順序的時候，也有相當大的幫助**，希望家長能促使孩子從小就在家裡養成這樣的好習慣。

④新時代的手機使用方式

現在，孩子使用手機的行為已成了一個嚴峻問題。近來有許多家長向我吐苦水，孩子總是捧著手機玩遊戲，即使告誡了也不停止，如果嚴格斥責，下次就躲起來玩，不讓你發現。

玩手機的時間愈多，用功時間相對就變少，與學習漸行漸遠，這是可想而知的。連帶睡覺時間也變晚，造成睡眠不足，這樣的連鎖效應將會導致學習力的下滑。另外，孩子與家人間的對話和溝通也會減少，對生活各個方面都會帶來負面影響，百害而無一利。

然而，時至今日，手機已與生活緊密連結，在未來也是不可或缺的工具。對於孩子使用手機的方式，家長應該如何提供協助呢？

•與其責怪孩子不守規矩，請先體貼孩子的心情

相信有許多人都曾聽聞過這樣的說法：當家長要提供孩子給手機時，應該要「訂立使用規範」。

但就算告訴孩子「用手機或玩遊戲有時間規定」、「不能拿進房間裡玩」，但現實中還是會遭遇到「孩子不遵守時間規範」的煩惱。

在這種情況下，家長會對孩子說：「不守約定的話，就有處罰。」像是：「今天沒有遵守約定，所以明天不能使用手機」或「沒收手機一個星期」之類的處罰。

手機被沒收的孩子一定會生氣、抗議，而父母會說出：「是因為你自己沒有遵守規定！你好好想一想是誰做錯了！」這些將孩子逼向窘境的話語。

想必一般家庭對此狀況並不陌生。雖然，以罰則來督促孩子遵守手機使用時間的做法相當常見，但我認為這個方法非常危險。

孩子剛開始拿到手機的時候，一定也是心想：「要遵守與父母的約定！」而乖乖遵守規定，也希望獲得父母的讚揚。不過，結果卻不如預期。希望家長不要只看見「違反規定，長時間使用手機」這樣的結果而給予懲罰，

完全不遵守手機
的使用規定

而是要去設想孩子的心情，了解「為什麼無法遵守約定」，才能夠真正解決問題。

讓孩子懂得如何善用手機的三種方法

方法1 將訂立規則的主導權交給孩子

當孩子第一次拿到手機，建議要訂立使用方法等相關規範，但並不是由家長單方面決定並下指示，而是透過親子共同討論後，將主導權交給孩子，訂出「一天可以使用幾個小時的手機」等規則。

方法② 孩子遵守規則時要適時稱讚

若訂立出使用手機的規範，孩子一旦違反了規定，父母會加以告誡、斥責，但當孩子循規蹈矩的時候，也別忘了給予鼓勵。當孩子乖乖守規矩時，有許多家長可能認為理所當然，但孩子在那一天其實是付出了相當多的努力去遵守使用時間和規則。請家長加以認可並且讚美孩子的努力。

而在孩子沒有遵守約定的時候，也請不要責備他，而是讓孩子感受到父母對此覺得遺憾且難過的心情。

方法③ 共享現實世界的樂趣

孩子覺得手機很有趣好玩而樂在其中，但現實世界裡有更多有

家長應幫助孩子善加運用手機的便利

趣、感動、驚奇、新鮮的事情，請家長帶著孩子一同去體驗，讓孩子能夠發現這些樂趣。

也有人說可以藉由在孩子的手機上設定監護功能，以限制使用方式，但是等孩子再長大一點，有了自己的手機以後，這個方法就較無意義了。

當孩子在玩手機時，會變得安靜專心，這狀態持續下去，就逐漸全神貫注於手機上，很難抽離。等到孩子進入這種狀態，即使家長突然要孩子「別玩了」，也無法說停就停。

時代不停進展，熟練使用手機是未來必備的技能。手機不只能用來連絡他人，也是具有蒐集訊息、消遣娛樂等眾多功能的便利工具。

希望家長能夠貼近孩子的心情，協助孩子善加運用手機功能。

生活習慣
8
「不與他人比較」的重點複習

爲了每天都能過得開心愉悅，請回顧一下自己的社交習慣。

你是否有以下這樣的行為？

- □另一半幫忙做家事，想道謝卻又因爲害羞而沒有說出口。
- □當朋友向你道謝時，你謙虛推辭的說：「我也沒幫什麼忙。」閃避了對方的謝意。
- □曾經對孩子說：「怎麼沒說謝謝？」強迫孩子說謝謝。

↓ 以上若有任何一項有打勾，請對自己說出以下這些話。

- ●請將「謝謝」說出口，讓對方知道。
- ●謙虛不是美德，請坦然接受他人的謝意。
- ●「謝謝」是發自內心的感受，不應強迫孩子說，而要從內心培養。

互相傳達「謝謝」

「謝謝你每天做便當給我吃！」
「謝謝你關心我！」
「謝謝你的幫忙！」

無論是說話者與傾聽者都會因爲「謝謝」這兩個字而感到暖心。爲了讓「心的根基」更加穩固強健，請多向家人傳達並好好接受「謝謝」吧！

有時候，也請對自己說聲「謝謝」。請不要再關在自己的狹小世界裡，總是拿孩子或自己與他人相比而使情緒起伏不定。接納當下的自己，對一路努力至今的自己表達眞摯的感謝，「心的根基」就能夠變得無比強大。你的心變得溫暖，孩子一定也能夠感受到那份溫暖。

9

育兒、育親

不與他人相較育兒成果，家長應注意的事項

幸福的定義各有定見，幸福的型態也是因人而異，而幸福並非取決於父母或其他人，每個人都能自由決定幸福的樣貌，並且具備朝向目標前進的能力。

而決定目標並且努力實現的關鍵，就在於「心的根基」。

不拿孩子跟他人相比，培育孩子對人的信賴感

所謂「心的根基」，是能夠正面看

待自己的存在、肯定自己的價值觀與存在意義，**認定「自己是一個重要的存在」且「自己是被愛的」**。

上面提到「自己是被愛的」、「自己是有價值的」這種說法，也許有人會將這些詞與自傲或優越感混為一談，但後者是認為自己與他人相比「我不論做什麼都很厲害」或者「我比別人優秀」，兩者是截然不同的。

當你失敗、犯錯或進入一個更

優秀的團體時，原本的自傲或優越感往往會委靡不振。不過，「心的根基」不會因周圍環境或他人眼光而動搖，而是擁有穩固的內在，能夠去信賴自己與他人。

另外，**「心的根基」也與傲慢或任性不同，不會貶低他人，對自己與他人都尊重以待，無論做得到或做不到某件事，都會接納自身存在的本質。**

「心的根基」英文是Self-esteem，也就是指「自尊心」或「自我價值感」。

時至今日，「自尊心」已是廣為人知的名詞，但還是經常看到許多人對該詞的理解不全面或是誤解原意的狀況。

我很在意這點，為了避免讀者以字面上的意思各自解讀，因此本書我特別以「心的根基」這個詞來表現。「根基」二字會讓人浮現「埋在土壤中，雖然表面上看不見但卻至關重要的東西」這樣的想像，而且也能勾起讀者的好奇心，想了解這是什麼意思。

小時候愈依賴父母的孩子，長大後愈能成爲獨當一面的人

小寶寶還在媽媽肚子裡的時候想著：「希望早點跟媽媽見面！」而誕生到這個世界上。孩子的一切生命所需仰賴著媽媽、全然信賴著媽媽，生活在一個十分「安心」的狀態之中，孩子也全心愛著爸爸媽媽。隨著孩子的成長，有時候親子之間的愛或許會以叛逆行為或拉開距離的形式表現出來。不過，無論何時，父母都是孩子最愛的人，父母對孩子

的關心愈多，愛也更深，而孩子也會更安心地依賴著父母。

曾經有家長擔心地問我：「因為愛孩子所以會無微不至的關心，這會不會造成過度保護而讓他變得太依賴父母，一直無法獨立自主呢？」但是，愈不依賴父母的孩子，愈無法獨立。**在孩子小時候給予全心全意的關愛，就如同在初萌芽的葉片上澆水、蓋上保護罩一樣。**對於身心尚未健全的年幼孩童，加以保護和協助是理所當然的。

從父母那裡感受到充沛愛意的孩子，會全然信賴父母，感受到「這

世界真是美好」，讓他有信心、能力挑戰離開父母自立生活。當孩子在外頭受了傷，永遠都能回到父母那裡修復自己的翅膀，因為擁有這樣的安心感，才能再度展翅飛翔。

專屬自己的育兒方式

你是否也曾沮喪的想過：「班上的其他媽媽，工作跟育兒都能輕鬆兼顧，還有很多同為媽媽的朋友，跟老師的交情也很好。」、「相較之下，我好像做得不夠。」

在了解「心的根基」之後，也許會自我懷疑，身為父母的自己這麼容易受打擊、失去自信，是不是「心的根基」不夠強韌呢？

即便我說：「心的根基並不會決定一個人的好壞或優劣」，也許有些人還是會想：「因為父母沒有從小幫助我培育心的根基，所以我沒有辦法綻放出屬於自己的花朵。」

話雖如此，但「心的根基」本質是「接納原本的自己。」

倘若現在你認為自己沒有培養出「心的根基」，那麼，就請你接納「現在這個原本的自己。」

好不容易認識了「心的根基」這個理論，如果你只是一味的煩惱沮喪，反而只會帶來反效果。若你感覺到「我的『心的根基』是不是不夠強韌？」請從日常生活開始逐漸改變吧。

「不比較育兒法」並非只是不把孩子的性格或成長與他人一較高下，也包含了在育兒方面不跟其他人相比、不拿自己跟其他家長比較。

這麼一來，相信自己也會發覺到改變，「心的根基」會一點一點的變得更加強健。

接下來，介紹不與他人比較的五個重點。

不與他人相較育兒成果的五個重點

重點1 不要只看自己的缺失，也要看優點

不要說「今天這本書只看了五頁」而是說「我已經看了五頁」。

不要說「只打掃到一半」而是說「已經打掃了一半」。

不要說「這份工作只做了一年」而是說「持續了一年之久」。

將目光放在自己已經做到的部分，而不是只看沒做到的部分，請

養成正面解讀事物的習慣

負面：去想自己的缺失
家裡只打掃到一半。
唉～～
剛剛對孩子大吼了。
哭
正面：去看自己的成就
客廳變乾淨了！
好吃！
做出美味料理，跟孩子一起享用。

養成這個好習慣。

請回想起前面介紹的對孩子的「心根育」話術，試著將自己的缺點以正面的說法來形容吧。

重點② 寫出自己的優點

「不挑食」、「從小就跑得很快」、「有人說我的笑容能帶來好心情」、「被問路時會親切以對」想到什麼都可以，**即使是瑣碎小事也無妨，請想想看自己有哪些優點並寫在紙上，化為具體呈現。**想必連你自己都會感到驚訝，竟然有這

好吃
就寫「很愛吃也不挑食」吧！

麼多優點。如果還是想不到，那麼也可以在紙上寫「自己很謙虛」。

重點③ 去發掘並累積生活中的小感動

「夕陽真美呀！」、「悅耳的鳥叫聲讓人放鬆」、「終於解開讓我苦惱許久的謎題了！」、「孩子對我說：謝謝媽媽！」

在睡前，看著鏡子中面帶笑容的自己，說聲「今天辛苦你了！」療癒那個努力了一整天的自己，也是個不錯的方法。就算只是微不足道的小事也沒關係，請思考一下有什麼事能讓自己感動吧。

重點④ 認可那個跨越過去的自己

有些人在成為父母之後，察覺自己的「心的根基」似乎不夠強大，應該是因為在童年時期，父母並沒有對於培育「心的根基」給予協助。

不過，**現在你發覺到這件事，並且為了朝向理想未來前進而努力想要改變自己的人生，這是一件非常棒的事情**，請坦然接納這樣的自己。這也意味著你朝向包含未來人生和育兒在內的理想未來，邁出了一大步。

所以，請好好讚美擁有這種想法的自己吧！

重點⑤ 擁抱孩子，說出感謝

請緊緊擁抱孩子，說聲「謝謝」吧。不一定是要在孩子做對了什麼事之後才這樣做，在平淡不過的日常之中也可以向孩子表達謝意。

經由這樣的舉動，孩子感受到父母無條件接納自身存在，便能慢慢培育「心的根基」，與此同時，也會無條件的更愛父母。而家長本身也因為被孩子接納，在相乘效果之下，也幫助自己「心的根基」更加強健。

對孩子說些貼心話，像是：「很感謝有你在。」或「只要看著你，就會讓媽媽感到開心。」與孩子之間來場暖心對話也不錯。

雖然沒有能讓「心的根基」瞬間變強大的速效魔法，但可以透過日常生活中的累積，一點一點慢慢培育茁壯。

謝謝你！

「育兒同時也育親」——謝謝你成爲我的孩子

「謝謝你成為我的孩子。」

在孩子誕生到這世界的瞬間，相信每個為人父母者的心中都充滿了這樣的感動。

隨著孩子成長，開始將孩子與他人比較，也會在意孩子的學習狀況，這在現今社會是理所當然的現象。為了拓展孩子未來選擇職業的可能性，打造一個幫助孩子增進學習能力的環境，與從旁提供協助都是十分重要的事情。然而，**請千萬不要迷失了初衷，家長提供這些在學習上的協助，出發點都是為了孩子的幸福**。請不要讓左右未來幸福的「心的根基」枯萎，在努力使根基牢牢扎根於心中的同時，同時也正在幫助孩子提升學習力和其他能力。孩子從誕生於世上，弱小的身軀經歷了環境的巨大改變與對一切全然陌生所帶來的不安，拚盡全力的活著，而當父母對孩子的關愛沒有獲得回報、養育過程中期望落空的時候，總會感到煩躁、焦慮和失望。

但是，孩子滿一歲的時候，父母也才成為家長一年而已。請家長與孩子一同慢慢成長吧。與孩子一起開心、感動，有時一起哭泣、一起感到迷惘。犯錯的時候，只要說聲「對不起」就可以了。坦率說出：「我也是在你出生之後才開始當媽媽的呀。」

孩子也會培養出誠實的態度，也會了解犯錯時應

該好好道歉。孩子能夠接收到言語之外的外界訊息，即使家長多麼義正詞嚴，但若是心口不一，孩子也會從父母的表情、語調和肢體動作察覺到你心中真正的想法。相反的，如果在教養過程裡遭遇困境，只要家長以坦率的態度與孩子溝通接觸，孩子就能確實感受並接收到父母的愛意。別擔心，運用「心的根基」理論，相信孩子一定能夠綻放出屬於自己的美麗花朵，實現未來的夢想。

結語

長年以來，我透過與教育相關的職場工作和志工活動，接觸到許多親子，雖然情形各有不同，但幾乎所有的父母都同樣深愛著孩子，期盼孩子能夠幸福。

我遇過投入了滿滿的愛來養育孩子，但孩子到了青春期卻不願去上學、繭居在家裡因而感到無比煩惱的家長。為什麼會變成這樣呢？似乎大多數的情況都在於未能培育「心的根基」這個最重要的關鍵。

我們總是把目光放在考試成績、比賽結果這類馬上能看到成果的具體表現，雖然這是生存在現今社會不可或缺的事物，但是，為了追求這些表現而使孩子「心的根基」枯萎，這不是本末倒置嗎？

我有兩個孩子，我的育兒觀念是**「讓孩子自己決定未來要走的路，並且不放棄夢想，朝向目標持續前進」**，抱持著這個想法而一路走到現在。在孩子國高中時期，我告訴他們：「不管是學校活動、社團活動還是休閒娛樂，有任何想做的事情都可以盡情去嘗試。」以及「但不能荒廢學業到無可挽救的地步。」兩大原則。

女兒在學生時期持續參加繪畫社團和聖歌合唱團，在學校與朋友一同度過了愉快的時光。兒子則是從小學就開始學劍道，他非常認真努力，甚至打進了全國大賽。到了國高中，他與朋友一起組樂團享受音樂，同時也繼續練習劍道。女兒在高中時期立定志向要從事社福工作，從國際學校直升大學；兒子志在從醫，考進了國立大學醫學部，現在在大學附屬醫院擔任醫師，仍保持劍道習慣，醫學院時期取得了五段的段位，因為想更上一層樓，持續鍛鍊技術。

經常有家長因為自家孩子無心念書而問我：「你兒子怎麼有空念書呀？」兒子在高中一年級就訂出目標，將原本用於社團活動與休閒娛樂的精力都轉到學習，以自己的步調認真讀書。孩子有時候也會對此抱有質疑：「為什麼一定要讀書呢？」答案有很多種，其中之一是「為了實現自己的夢想」。我曾對孩子說，**這不是要不要用功讀書的選擇題，而是選擇在未來你要成為一個理想的自己，或是成為一個令自己失望的存在，能夠依自己的意願去選擇是一件很幸福的事情。**孩子聽了似乎相當認同，給我的反饋是「謝謝媽媽。」

我自己在養育孩子的過程中，也並非自信滿滿地認為「這樣教育絕對沒錯」。老實說，我有時也會對自己的行為感到不安。不過，現在回過頭來看，也慶幸自己一開始沒有拿孩子與他人相比、善加培育「心的根基」、在育兒上堅持自己的原則，這麼做是對的。而我教導過的眾多孩子現在過著充實而豐富的人生，我想大多是因為他們在未被拿來與他人比較、被全然接納的狀態下長大的緣故吧。期盼家長務必在孩子年幼時期透過溝通達成共識、提供協助，當孩子長大後放手讓他們去嘗試，到了青春期則呵護著孩子的心情，以長遠目光守護著孩子的人生。

最後，我要向協助本書出版的各位，以及認真理解我的想法並細心編輯內容的出版社工作人員，還有所有提供協助的人們，致上誠摯的感謝。

田宮由美

作者簡介

田宮由美

家庭教育研究家。
家庭教育協會「育兒育親」理事長。

具有保育士、幼稚園教師、小學教師資格。在當地舉辦幼兒教室活動。曾任職於幼稚園及小學。
在這 15 年間，透過到兒童病房慰問病童、聆聽孩子的煩惱等活動，以許多方式親身接觸了五千名以上的家長與孩童。
在這過程中，收到各種育兒困擾的諮詢，因爲深切感受到家長無計可施的痛苦和煩惱，於是決定開始展開協助解決育兒煩惱的活動。
當時，認識了精神科醫師明橋大二先生，深刻認同他的理念進而拜明橋醫師爲師。
之後考取了愉悅育兒顧問、愉悅育兒專家的資格。

2015 年起在日本最大的綜合資訊網站 All About 擔任育兒顧問。在高人氣的育兒媒體 MAMADAYS、育兒和教育網站、報紙、雜誌、企業等刊載了超過三百則以上的文章，Yahoo! 新聞和 LINE NEWS 等新聞媒體也曾刊登報導，引發許多讀者的共鳴。另外，也受邀參與電視節目和廣播節目。
以孩子自尊心爲主題的兩篇研究論文收錄於日本國立國會圖書館。

育有一男一女，女兒任職於爲單親媽媽提供協助的單位，而兒子在大學附屬醫院擔任醫師。

現爲 HAT 協會、日本育兒學會、NPO 法人日本交流分析協會的成員。

著作：《左右孩子能力的 0 到 9 歲育兒法》（書名暫譯）。

● 家庭教育協會「育兒育親」官方網站
https://kosodate-ai.com/

● 家庭教育協會「育兒育親」Facebook
家庭教育協会「子育ち親育ち」
https://www.facebook.com/ko.oyasodachi

●「育兒育親@田宮由美」Twitter
https://twitter.com/yorisouyumi

● 插畫　松井 美那枝

● 裝幀設計　市川 あかね

family field 親子田 親子田系列 062

教養，從不比較開始

比べない子育て

作　　者	田宮由美
譯　　者	林謹瓊
副總編輯	陳鳳如
封面設計	張天薪
內頁排版	連紫吟・曹任華
出版發行	采實文化事業股份有限公司
童書行銷	張惠屏・侯宜廷・張怡潔
業務發行	張世明・林踏欣・林坤蓉・王貞玉
國際版權	施維真・劉靜茹
印務採購	曾玉霞
會計行政	許俽瑀・李韶婉・張婕莛
法律顧問	第一國際法律事務所　余淑杏律師
電子信箱	acme@acmebook.com.tw
采實官網	www.acmebook.com.tw
采實臉書	www.facebook.com/acmebook01
采實童書粉絲團	https://www.facebook.com/acmestory/
ISBN	978-626-349-548-7
定　　價	350元
初版一刷	2024 年 2 月
劃撥帳號	50148859
劃撥戶名	采實文化事業股份有限公司
	104台北市中山區南京東路二段95號9樓
	電話：(02)2511-9798　傳真：(02)2571-3298

國家圖書館出版品預行編目資料

教養，從不比較開始 / 田宮由美作；林謹瓊譯. -- 初版.
-- 臺北市：采實文化事業股份有限公司，2024.02
240 面；14.8×21 公分. -- (親子田；62)
譯自：比べない子育て
ISBN 978-626-349-548-7 (平裝)
1.CST: 家庭教育 2.CST: 育兒

528.2　　112021181